謹以此書紀念汪甯生先生

汪宁生先生学术年谱

沈虞传署

彭洪俊　编著

民族出版社

汪宁生先生（1930—2014）

汪宁生先生在沧源崖画第一地点前

汪宁生先生在《民族学报》第六辑编委会上（2008 年 6 月 10 日，林超民摄）

汪宁生先生在联合国教科文组织曼谷办事处，左一王云慧，左二 David A.Feingold（金大龙），左三 Heather A. Peters（白海思），右一张文兰（2010 年 11 月 23 日，冷雪梅摄）

汪宁生先生的部分著作

汪宁生先生主编的书籍（2006—2014）

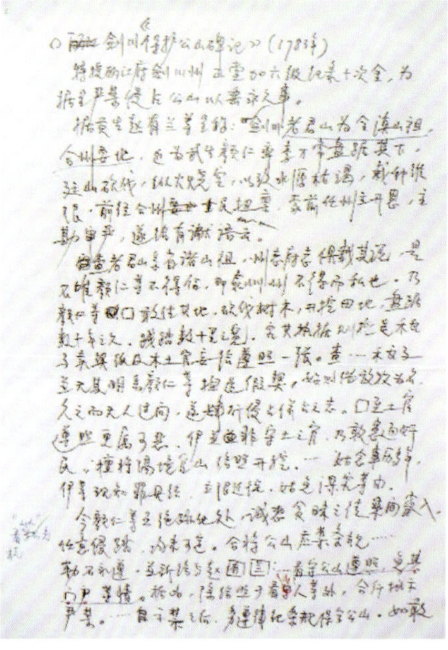

汪宁生先生手迹

说明和凡例

一、本书主旨在将汪宁生先生一生的治学历程及学术成就作系统介绍，按年编次，以便读者阅览，亦可供研究者参考。唯先生平生志事，所知粗疏阙略，且先生已自编简要年谱，故题曰“学术年谱”。

二、本书以事系日，以日系月，以月系年。一年之中，无日可考者系月，无月日可考者系年，以“是年”记于该年之末。

三、本书属辞比事，大体以《汪宁生自订年谱》为纲，尽可能详尽、准确地收集使用有关资料，但以展现先生的治学历程为主。使用资料难免挂一漏万，记述容有疏漏，皆俟日后随时增补。至于先生生平其他事迹，自有日记及相关资料可考，毋庸赘言。

四、本书引用《汪宁生自订年谱》以先生逝世后家属增补本为准，简称《年谱》，系于各年之下，视为正文，加冒号及引号，以宋体字排印。

五、各年所列先生著作，其出版时间可考者，系于该年月之下；发表论文系于该年之末。对重要论著撮要钩玄，阐释大旨，以明先生学问之博大精深；并如实记录学界对先生学术的推介与论争，以见先生治学之成绩与影响。

六、先生主要著作均已结集出版，晚年复经修订，编为《汪宁生集》四卷，凡四百万言。本书征引及辑录先生文字，除特殊需要之外，概以《汪宁生集》为准。

七、为全面反映先生学术范围及规模，《汪宁生集》未收文字，其与先生治学经历及学术思想有关者，采入本书，系于发表年月之下。书末附先生著述目录，以供读者参考。

八、本书亦征引他人文章，皆以反映先生治学历程、学术思想及取得成就为主，重要文章全文收录，次要者节录关键文字，或仅作概述。此类文字另起一段，以楷体字排印。

九、本书所征引文献，出版或发表时间跨度超过半世纪，因各时期出版标准不同，部分文字存在歧异或错漏。凡歧异文字，在不影响阅读理解的前提下，遵照当时出版标准，一般不作改动；明显的错别字于其后改正，加括号提示，如“沂沐（沭）流域”之类；漏字酌情补入，加方括号提示，如“[以]”之类。

十、先生与国内外学术界一直保持良好联系，书信往还，多以切磋学问。这些信函可以概见先生的治学历程、学术思想和取得成就，并体现出国内外学术界对先生学术研究的反应，充分展示了先生在国内外学术界的重要影响。本书亦收录此类信函，其以论学为主要内容者全文收录，原文过长或不以学术为主题者，仅节录或引述其中讨论治学部分文字。

十一、凡征引文献悉注明出处，仅在第一次详列出版信息，以后但注书（篇）名及页码。

目　　录

汪宁生先生学术年谱

1930年　庚午，1岁

5月8日，先生出生于南京。按先生祖籍乃江苏省灌云县板浦镇，今属连云港市。汪姓乃板浦四大姓之一。①

《古俗新研》繁体字版卷首载先生简历：

> 汪宁生，一九三〇年五月八日出生于南京。②

祝润之《考古学家汪宁生》：

> 汪宁生，江苏省灌云县板浦镇人。1930年5月8日出生于南京，按族谱“生”字辈，取名曰“宁生”。③

《始信昆仑别有山》2000年5月8日：

> 今日七十初度，自己完全忘却，而勃克曼、白沙夫妇

---

① 祝润之《岁月如歌》中有记：“我家一直住在新民路顾宅。当时顾家是板浦四大姓：汪、程、许、顾之一。”作者自印本，16页。

② 汪宁生：《古俗新研》，3页，台北，兰台出版社，2001。

③ 政协连云港市委员会学习文史资料委员会编：《连云港近现代人物》（连云港文史资料第十七辑），177页，内部资料。

竟记得此事，送来蛋糕及盆花来寓表示祝贺，感甚。①

徐杰舜《民族学考古学本是一家——云南民族大学汪宁生教授访谈录》：

汪宁生：祖籍，我父亲的出生地是在苏北，现在的连云港市。②

祖父敬斋公。父讳寿龄，字松遐，时年33岁，供职于国民政府经济部商标局；母讳许毓英，时年24岁。

《始信昆仑别有山》1998年5月27日：

继又去松庚叔家，在所开设火锅餐厅中用饭。彼出示家乡新印汪氏家谱，查到我家一支，祖父敬斋公，伯父寿文公、寿璋公及先君寿龄公之名悉在册。敬斋公名下注“太学生”字样，忆前闻先君言，实为捐得功名，并未赴京就读也。③

先生早年发表作品，常署笔名“林声”。《中国民族学史》下卷附录三《20世纪后半期中国民族学家学术简历》介绍先生即说：“又名林声。”④

---

① 汪宁生：《汪宁生集》第四卷，289页，北京，学苑出版社，2013。

② 徐杰舜：《民族学考古学本是一家——云南民族大学汪宁生教授访谈录》，载《民族论坛》，2012（6）。

③ 《汪宁生集》第四卷，495页。

④ 王建民、张海洋、胡鸿保：《中国民族学史》下卷，529页，昆明，云南教育出版社，1998。

1931 年　辛未，2 岁

《年谱》："举家随商标局迁上海。"

1932 年　壬申，3 岁

《年谱》："1932—1935 年，3 ~6 岁。在上海读幼稚园及小学。"

徐杰舜《民族学考古学本是一家——云南民族大学汪宁生教授访谈录》：

汪宁生：我父亲在南京国民政府里面做事情。因此，在上海的家，一搬就到南京去了。我读幼稚园，那时不叫幼儿园，是在上海。

1933 年　癸酉，4 岁

1934 年　甲戌，5 岁

1935 年　乙亥，6 岁

《年谱》："1935 年妹沪生出生。"

1936 年　丙子，7 岁

《年谱》："举家随商标局迁回南京，就读于南京建邺路小学。"

1937 年　丁丑，8 岁

7 月 7 日，卢沟桥事变，日本全面侵华，中国开始进入全面抗战时期。

11月，国民政府西迁重庆。

《年谱》："弟建生出生。是年抗日战争爆发。父随机关西迁。随母（讳许毓英）回转原籍（江苏省灌云县板浦镇）故家。"

徐杰舜《民族学考古学本是一家——云南民族大学汪宁生教授访谈录》：

汪宁生：抗战以后就回到老家，就是连云港市，小学啊、初中啊，都在那读的。

祝润之《考古学家汪宁生》：

父亲是一小职员，抗战爆发后随国民党政府撤退去重庆，汪随母返回板浦镇大寺巷定居，就读于灌云县立模范小学（现为苏光小学）。①

祝润之《岁月如歌》：

抗战初期，他随父在南京生活（因在南京出生，故名宁生），其父随机关撤退往重庆，他随其母返家乡板浦，租住在大寺巷方宅内，母子相依为命，过着凄苦的生活。②

1938年 戊寅，9岁

《年谱》："1938—1942年，9～13岁。祖母吴太夫人率领全家为避日寇辗转逃难于灌云县城郊各地，历尽颠沛流离之苦。逃难途中在母督课下写字读书。就读于灌云县立第一小学。初，灌云县士绅不愿子弟入敌伪小学，曾一度入私塾读书。当时塾师授古文以《论》《孟》《古文观止》为教材，并开设英文等课程。今能阅读中国古籍并涉猎英文书，实肇端于此时。授业塾师有许燕庚、燕海昆仲，方

① 《连云港近现代人物》（连云港文史资料第十七辑），177页。

② 《岁月如歌》，15页。

楚湘先生、朱先生、管先生等，启蒙之泽不敢忘也。”

1939 年　己卯，10 岁

1940 年　庚辰，11 岁

1941 年　辛巳，12 岁

1942 年　壬午，13 岁

1943 年　癸未，14 岁

《年谱》：“1943—1944 年，14 ~ 15 岁。就读于灌云县初级中学。曾拒绝回答日籍教师无理提问，险遭不测，受停学多日之处分。”

《始信昆仑别有山》1984 年 12 月 1 日：

在汽车上突然想起幼时所学 A. 都德的《最后一课》一文，便以 1870—1871 年普法战争德军取得胜利占领阿尔萨斯后不许学校讲授法语为背景。今天去的正是这一地区。我至今仍不明白为什么日伪时期学校竟允许学习这类文字而不怕激起中国学生的反日情绪？似文网严密是“古不如今”。这篇课文给自己印象如此深刻，以至初中时因拒学日语险遭不测。①

① 《汪宁生集》第四卷，250 页。

9月，考入灌云县立初级中学。

祝润之《考古学家汪宁生》：

1943年9月考入灌云县立初级中学。少年时就聪慧过人，才思敏捷，性格活泼，学习成绩优异，受到当时中、小学师生的一致赞扬。①

祝润之《岁月如歌》：

我在灌中读书时……我和同班同学都能友好相处，当时成为知己的不少。如和大寺巷的汪宁生，他聪慧敏锐、生性好动，虽然调皮，但头脑灵活，一学就会，成绩优秀，由于两个年龄相同，同样都爱学习，平时交往甚多，形同莫逆……我俩常到新民路孙桥头朱家酒铺玩耍，柜台下面是几个存酒的瓦瓮，用装沙的布袋扣在上面以防酒气外泄。朱长生的父亲排行第二，人称朱二先生，常年在外经商。店务家务就由朱二奶奶掌管。我和宁生课余时间经常到他家玩，生意不多，三人在店堂里说笑玩耍，有人来打酒，有时候我和宁生也会替他家卖酒。②

1944年　甲申，15岁

在灌云县立初级中学上学。

1945年　乙酉，16岁

《年谱》："8月，日寇投降。抗战八年之中，生活困苦缺医少药，妹沪生、弟建生夭折。全家十余人自祖母以下先后死亡者共

---

① 《连云港近现代人物》（连云港文史资料第十七辑），177页。

② 《岁月如歌》，15页。

七人。"

范祖锜《虽九死其犹未悔——民族考古学家汪宁生先生访谈录》:

汪宁生：我1930年出生于江苏省南京市，家父寿龄公供职于国民政府经济部商标局，为一般职员，与学术相距甚远。我的少年时代适逢抗日军兴。家父随机关西迁，我随母亲回转原籍（江苏省灌云县板浦镇）故家。祖母吴太夫人率全家为避日寇辗转逃难于灌云县农村各地，备尝颠沛流离之苦。母亲许夫人（讳毓英）深知学问之重要，逃难途中仍亲自督课，令我习字读书。回转日寇占领下的县城，家人不愿让子弟入敌伪小学，我遂入私塾读书，塾师授古文，以《论语》、《孟子》、《古文观止》为教材，并开设英语等课程。今能沉潜中国古籍并稍涉猎英文书籍，实肇端于此，各位授业塾师之启蒙恩泽至今不敢忘却。抗战8年之中，由于生活困苦和缺医少药，妹沪生、弟建生夭折，全家10余人自祖母以下先后亡故7人。日本侵略战争给国家民族和个人家庭带来的灾难，在我心中留下了深深的印记。

抗日战争胜利后，灌云县城为国民政府接收，先生经过编级考试，以第一名优异成绩顺利升入初三年级。

祝润之《岁月如歌》:

1945年8月抗战胜利了，流亡乡下的灌云县国民政府仓促准备接受灌云县城。军队很少（只能说是县政府的卫兵），连像样的军装都没有。县商会在县城做了灰洋布军装，事先送去，他们才穿着新军装进城的。日本侵略军一投降，学校停课了，等待县政府派人来接收。谁知县教育科认为敌伪时期的中、小学教师是“伪教师”，校长一律不用，教师经审查后录用。而灌中的两个年级学生（初一、初二两班，初三已于八月毕业即45届学生）都被定为“伪学生”，需要经过编级考试，根据考试成绩编班后复课。当时的学生虽然不满意，却也敢怒不敢言，只能认真复习功课，准备考试。发榜时有人欢喜有人愁，汪宁生名列榜首，我紧跟其后是第二名。大部分同学编入初三班，同班有几名同学因考试成绩未达标而编入初二年级重读。①

1946年　丙戌，17岁

《年谱》：“5月，赴南京，寄居于姑父母家数月。姑父杨持白先生乃中国水利工程界之耆宿，克尽厥职，清白为人，深受教诲。”

《〈至正河防记今释〉跋》：

（杨持白）先生于从事实际工作之余暇，兼治中国古代水利史，毕生未曾中断。忆1946年春我寄居于先生之南京寓所数阅月，先生及先姑母对我抚爱备至。先生伏案整理水利史料以毛笔书于旧式红格信纸之情景，犹历历在目。其时之我一中学生也，好奇翻阅，如读天书，只知与沂河、沐（沭）河有关。后闻先生言，50年代故乡沂沐（沭）流域之整治变盐碱之地为良田，此项资料与有功焉。②

① 《岁月如歌》，20页。
② 《汪宁生集》第四卷，521页。

《年谱》："7 月，考取国立社会教育学院附中（后改名江苏省立丹阳中学）高中部。"

徐杰舜《民族学考古学本是一家——云南民族大学汪宁生教授访谈录》：

汪宁生：读高中时，又回到南京，在丹阳的一个教育学院的附中读书。

《年谱》："是年父由重庆复原回宁，母亦由原籍迁来，全家终得团聚。"

1947 年　丁亥，18 岁

《年谱》："1947—1948 年，18～19 岁。在丹阳中学读书。是年父以八年抗战中未曾稍离工作岗位，勤勉奉公，获胜利勋章之褒奖。"

1948 年　戊子，19 岁

在江苏省立丹阳中学高中部上学。

1949 年　己丑，20 岁

《年谱》："6 月，进入苏南新闻专科学校学习，旋即奉派去无锡农村工作。"

徐杰舜《民族学考古学本是一家——云南民族大学汪宁生教授访谈录》：

汪宁生：解放那年我刚好高中毕业，就参加了工作，在无锡苏南新闻专科学院做一般的工作，一直到 1954 年。

范祖锜《虽九死其犹未悔——民族考古学家汪宁生先生访谈录》：

汪宁生：抗战胜利后，我在江苏丹阳高中部读书，1949 年毕业，先在无锡农村工作，后在华东水利学院（今河海大学）任职员。

7 月，初识林昭。林昭原名彭令昭，苏州人。

《忆林昭》未刊稿：

我和林昭初次见面，是在 1949 年 7 月初一个早晨，当时我们刚考入苏南新闻专科学校。校址设在无锡惠山。早晨同学们到泉水池旁洗漱。泉水较深，要一手持脸盆尽量弯下腰去，才能舀上水来。林昭试了几次，都不成功，那时我还童心未泯，只是站在一旁笑嘻嘻地“看热闹”，不料林昭生气了，命令说：“你帮帮忙，好吧。”我这才急忙帮她打了半盆水。她说了声谢谢，彼此便算认识了。这位“厉害的”女同学从此给我留下深刻的印象。这一年她 17 岁，我 19 岁。

当时我们不在一个班，下乡工作也不在一个村子，彼此还没有太多的交往。①

1950 年　庚寅，21 岁

《年谱》：“1950—1951 年，21～22 岁。患肺病。农村无法医疗，

---

① 汪宁生先生撰《忆林昭》一文，曾发表于《老照片》（山东画报出版社，2011）第 79 辑，改题曰《林昭印象》，并有删节。本书引文根据《忆林昭》未刊稿。

经批准回南京治疗。赖父母慈爱，变卖衣物医治调养，身体始得好转。”

《西南访古卅五年》1961年12月10日：

今夜宿太和村大队客房，累甚难眠。忆自1950年患肺结核，医生断定已是中期，时无特效之药，终日卧床，赖父母慈爱，夜以继日，护理扶持，历时两年才得起床。自此肺活量只及常人之半，每一爬高便觉气喘，生平最恨行远爬山。自来西南调查，竟以爬山为日课，不胜痛苦。然又必须不厌走路，脚勤腿快，才能有所收获。①

1951年　辛卯，22岁

1952年　壬辰，23岁

《年谱》：“1952—1953年，23～24岁。在华东水利学院（今河海大学）工作。”

孔令远、李艳华《汪宁生：中国民族考古学的创建者》：

1952年10月起，在华东水利学院（今河海大学）任职员。②

1953年　癸巳，24岁

在华东水利学院工作。

---

① 《汪宁生集》第四卷，47页。

② 孔令远、李艳华：《汪宁生：中国民族考古学的创建者》，载《中国文化遗产》，2014（2）。

1954年　甲午，25岁

《年谱》："7月，被选调报考高等学校，考取北京大学历史系，以考古学为专攻方向。"

9月，赴京，入北京大学历史系考古学专业。

《忆林昭》未刊稿：

> 1954年9月，北京大学录取的江苏考生在南京下关车站集中乘车赴京。

先生青年时代之理想是从事新闻工作，但进入北京大学后，对考古学专业非常热爱和自豪。

《始信昆仑别有山》1998年5月11日：

> 青年时代梦想做个新闻工作者，生不逢时，为免遭祸改习考古。若有来生，能在有新闻自由国度的报界工作，当远胜于此生抱残守缺写几部闲书消磨数十年岁月也。①

《忆林昭》未刊稿：

> 她总喜欢拿我的专业开玩笑。初入北大见面时听说我选的是考古专业便笑不可抑。她认为像我这样原来想当记者的人，现在竟搞脱离现实的考古，真是不可思议。以后走在路上，她随便踢起一块小石子就喊："汪宁生，来！考一考，什么年代？"而我对自己专业却是非常热爱和自豪的。有一次，烦她不过，便进行反击。

① 《汪宁生集》第四卷，491页。

1955 年　乙未，26 岁

《年谱》：“1955—1956 年，26 ~ 27 岁。在北京大学读书。”

1956 年　丙申，27 岁

1957 年　丁酉，28 岁

4 月 27 日，中共中央下发《关于整风运动的指示》。

6 月，整风运动转向反右派斗争。

《年谱》：“是年开展反右派运动。北京大学为全国斗争之焦点，全校学生约 8000 人，划为右派者约 800 人。幸免于难，仍遭受批判一天。”

《忆林昭》未刊稿：

转眼间，批判右派的大字报便铺天盖地而来，林昭写的大字报也被说是大“毒草”。我很为她担心。路上几次相遇，她远远看见便立即闪开，有一次我终于在哲学楼附近“截”住了她，问她为什么老是躲着我？她说：“你和我这样的人接触没有好处。”我正色地说：“你把我当成什么人了？”她颜色稍霁。于是又像往常一样站在路边谈了一阵。她不谈自己，只是问我怎么样。我告诉她，我一张大字报未写，也挨批判一天，罪名有二：一是看了英国《工人日报》上刊登的赫鲁晓夫秘密报告并到处传播，二是与同年级大右派许南亭、熊光祖等关系密切，“臭味相投”。我还没有敢告诉她，在列举与我交往的右派中也提到她的大名，我怕以后她更不想和我谈话了。当时林昭已是闻名全校的右派，而班上的人都知道我与她有交往。

8月1日—2日，游曲阜，有日记及手绘“曲阜县城草图”。

按：据先生日记残稿，1日上午九时许车抵曲阜站，下午游孔府、孔庙及周公庙，晚游城南古泮池；2日上午游颜庙及孔林，下午离曲阜。

1958年　戊戌，29岁

《年谱》：“9月，赴陕西华县考古实习，为时半年。是年全国开展‘拔白旗’运动，作为一普通学生，竟‘有幸’被选中为全班唯一之‘白旗’。”

1959年　己亥，30岁

7月，自北京大学毕业。①

《年谱》：“是年大学毕业。50年代之北大虽经历多次政治运动，而远绍清儒考证之学，近接‘五四’以后以科学方法整理国学之传统，尚存余绪，北大历史系尤为中国古史及考古学界著名学者集中之地，专职教授有向达、邓广铭、张政烺、商鸿逵、齐思和、苏秉琦、宿白、阎文儒等，兼课教授有夏鼐、唐兰、聂崇岐等。大学5年在老师教诲熏陶之下，稍窥读书门径，略知治学之乐。”

1960年　庚子，31岁

《年谱》：“初，宣布留校任助教。担任苏秉琦先生‘秦汉考古’课辅导工作，一学期后，突令考‘隋唐史’研究生。有愤于个人于

① 祝润之：《考古学家汪宁生》；又见云南民族大学编：《云南民族大学60年（1951—2011）》，342页，昆明，云南民族出版社，2011。

工作及专业毫无选择之自由，乃以‘交白卷’方式表示无声之抗议，时成为北大一大新闻。领导训斥群众批判之后，分配去中央民族学院历史系，5 月起参加云南民族调查组赴四川茂汶、大凉山、黔西北、滇东北调查。”

4 月 4 日，先生被分配去全国人大民族委员会云南民族调查组。

《西南访古卅五年》1960 年 4 月 16 日：

4 月 4 日调查组工作汇报会议结束，被分配去云南组。侯方岳组长命到昆明前先去羌族及凉山彝族作短期考查，从文物考古及民族学资料看两族文化有何联系，从而证明彝族族源问题。①

4 月 6 日，先生与云南民族调查组组长侯方岳同车离开北京。7—9 日，在西安停留，拜会西北大学马长寿教授。10 日抵成都。在成都期间，拜访四川大学冯汉骥教授。

《西南访古卅五年》1960 年 4 月 16 日：

连日参观四川省博物馆、四川大学博物馆及西南民族学院文物室，拜访四川大学冯汉骥教授。

冯为考古界老前辈，湖北人，美国人类学博士，曾主持发掘王建墓，是为中国帝王陵墓第一次发掘。两年前应邀赴云南专门考察晋宁石寨山文物。他嘱咐我去云南后应注意铜器花纹主题之分析，用以考察云南古代文化与四周之关系，又介绍他在羌族地区试掘石板墓情况甚详。②

---

① 《汪宁生集》第四卷，7 页。

② 《汪宁生集》第四卷，7 页。

徐杰舜《民族学考古学本是一家——云南民族大学汪宁生教授访谈录》：

汪宁生：1959 年毕业以后就到中央民大历史系，那时候叫中央民族学院。去了以后，我就参加云南民族调查组。

汪宁生：调查是这样的，1956 年是个高潮，1958 年又是一个高潮，1959 年的时候正好是第三批。那时调查嘛，组织上干扰很多。这个你都知道："调查要为民族工作服务。"因为我是搞考古的，领导还是比较照顾的。因与考古有关，所以我就搞民族考古学。那时做调查，每年差不多有半年时间在田野。

汪宁生：我在云南民族调查组待的时间比较长。后来成立了云南省少数民族社会历史研究所，就是历史调查组的基础啊。当时云南省也没有社会历史调查组，广西也是一样，就是调查组留下的。每个省的社会科学研究机构大体上都是原来调查组留下的。后来就改成云南省社会科学院，派生出多少组来，还有一部分就叫作云南民族学院了。

4 月 18 日，自成都抵汶川，开始对汶川、茂县羌族进行调查。在访问羌族过程中，先生发现民族调查可与文献记载相互印证。

《西南访古卅五年》1960 年 4 月 28 日：

连日访问羌族人家，考查文化遗物，无新发现可言。然对初涉民族调查如我者，今日所见与文献所载竟可以相互印证，颇觉有趣。①

① 《汪宁生集》第四卷，12 页。

5—6月，去昭觉、布拖、盐塘、盐源等地调查凉山彝族。在民族调查田野工作中，先生逐渐认识到实地调查对于民族研究的重要性。

《西南访古卅五年》1960年5月20日：

连日访问凉山调查组，阅读所藏资料，请教问题，入晚则访问城郊彝家……凉山调查组成员多已下去调查，在家者王晓义（燕京大学毕业）、刘炎（山东大学毕业）两君，均为民族研究所研究人员。我第一次拜访时，他们正伏案改绘凉山彝族家支分布图，这无疑为一项艰苦而有意义之工作。任何研究工作，首先要弄清基本情况，较之反复征引马列主义经典名句写大块文章，更有裨于学术。参加民族调查组工作者从四处调来，不乏学有专长认真工作之士，惜乎只能在全国统一布置下行动，调查有限问题，不能根据当地情况及个人看法进行工作。①

《西南访古卅五年》1960年6月10日：

两族（凉山彝族与茂汶羌族）文化习俗有相同之处，更多相异之处。据此以为彝族全来源于古羌人，固为不可；若以此否定两者关系，亦不可。按考古学文化与人们共同体不可等同，而近代民族文化与人们共同体之关系问题，尚无人探讨。民族研究中许多问题，看来有赖于正确理论，但这理论又非是从经典著作寻章摘句，而应从大量调查材料中进行归纳。②

① 《汪宁生集》第四卷，15页。

② 《汪宁生集》第四卷，19页。

7月15日离昆，开始作黔西北、滇东北调查。此行任务是以考古材料说明彝族起源地及迁徙路线等问题。①

1961年 辛丑，32岁

8月，在昆明写成《从考古材料看云南和祖国各地的经济文化联系》初稿。

《年谱》："9月起在云南大理、丽江、中甸、德宏等地长期调查。"

9月，在大理下关修改完成《从考古材料看云南和祖国各地的经济文化联系》。

是年冬，考察南诏、大理国腹心地区诸城址。

《南诏几个城址的考察》：

> 关于洱海地区南诏城址的调查，前人已做过一些工作。1961年冬我去大理白族自治州调查少数民族历史，也顺便对这些城址进行考察。②

《西南访古卅五年》1961年9月10日：

> 南诏和大理国时期修建之城（《蛮书》称"城镇"），文献中有较详细记载，甚至记录下彼此相距里程和日程，有些古碑和古建筑尚存地面。根据已有线索进行考察，比漫无目标或据道听途说到处乱跑易见功效。此行想先对南诏、大理国腹心地区（即所谓'六睑'）诸城址，作一番实地勘察。此为第一次自己提出研究计划而得领导首肯者。③

---

① 《汪宁生集》第四卷，29页。

② 《汪宁生集》第二卷，543页。

③ 《汪宁生集》第四卷，39页。

在调查中，先生逐渐对民族研究产生兴趣。

《西南访古卅五年》1961 年 10 月 10 日：

自思参加民族调查组已一年有半，不能发掘则无考古可言，徒然四处乱跑，长此以往将成废物。既然命定此生将以民族研究或教学工作为职业，不若尽早开始。年来所经之处于民族历史及社会情况渐生兴趣，亦非毫不关心，但只算“玩票”，从今日起彻底改行矣。①

10 月中旬，在丽江文化馆调查纳西楔形木牌。

《西南访古卅五年》1961 年 10 月 11 日：

今天有一意想不到之收获。文化馆内收藏象形文字写本甚多，由老年“东巴”（巫师）两人（一名和芳，76 岁；一名和正才，73 岁）整理翻译。观看他们工作时突然发现，室中堆放写本之旁有楔形木牌多件，上施彩画，描绘人像，脑海中立刻浮现敦煌、居延等烽燧遗址出土所谓“人面形”木简，形制相同，莫非同类之物乎？当即决定推迟访问喇嘛寺，先对此物进行考察。经初步了解，此物名曰“可标”，为凶死者举行禳解仪式时插在地上。上绘之像根据祭祀对象而定，吊死鬼绘颈下一绳，婚姻不遂双方殉情而死（据云过去时有发生）绘男女各一。②

《西南访古卅五年》1961 年 10 月 15 日：

连日去文化馆访问两位“东巴”，完全不通汉语，先后

① 《汪宁生集》第四卷，53 页。
② 《汪宁生集》第四卷，54 页。

> 由白圣兴、桑文浩、吴积仁君任翻译。
>
> 对“可标”之调查告一段落，就其制作、用途、绘画之含义等逐项进行了解记录，以便归后与西北“人面形”木牌作对比研究。纳西族源于羌人，而人面形木牌出土地正为古羌人活动频繁之区，两者之间若有关联亦无足怪。①

在调查中，先生认为深入研究民族历史及其社会应由通其语言的本族人进行，“老汉族”仅能借助翻译调查记录，摭取资料以作古史之参考研究。

《西南访古卅五年》1961年11月4日：

> 学习象形文字之“野心”，现已全部放弃，因非懂纳西语无法进行。看来要深入研究民族历史及其社会，非通语言不可。无论纳西族史还是彝族史、白族史，均应由本族人士（但不包括虽自称“某族”已不能说本族话者）为之，我辈“老汉族”不宜越俎代庖。
>
> 诚然，我辈可就整理历史资料之科学方法贡献浅见，而必须少数民族人士乐于接受始可，如丁文江之于罗文笔。
>
> 我辈或可选择一二小问题为他人所不屑为或不能为者，借助翻译调查记录，作为研究中国古史之参考资料（如羊骨卜、“可标”之类）。人舍我取，如此而已。②

《年谱》：“始有家室。妻王云慧，北京师范大学教育系毕业，同在民族调查组工作相识而结合。”

---

① 《汪宁生集》第四卷，54～55页。

② 《汪宁生集》第四卷，61页。

徐杰舜《民族学考古学本是一家——云南民族大学汪宁生教授访谈录》：

汪宁生：我太太也是调查组的，她是在北师大毕业，她是搞心理学的。那时候也没有什么心理，中国不开展这个……后来她分到大理师范教书，我在大理做调查。她是北京人，本来应该在北京的，留不成就算了。当时我研究工作已经做出兴趣了。

是年，《从考古材料看云南和祖国各地的经济文化联系》发表于《学术研究》（1961 年第 6 期），署笔名“林声”。是为先生正式发表的第一篇学术论文，后收入《中国西南民族的历史与文化》（云南民族出版社，1989 年）。文章根据当时很少的材料，对云南古代文化和内地邻近地区之间的关系粗略描绘。“其中一些观点，如云南新石器时代诸文化当晚于内地龙山文化时期（当时尚无 C^{14} 数据可以利用），殷周青铜文化影响已到达滇池地区，古代云南和越、蜀、楚的关系，特别是首次提出云南是铜鼓的发源地，等等，均能‘不幸而言中’”。①

是年，参与《彝族简史》编写工作，撰第一章《彝族的族源和族称》、第二章《原始社会（公元前 2 世纪以前）》，并编制《我国彝族人口分布情况》《彝族自称、他称简表》《彝族方言分布地区简表》《彝族自治地方简表》《彝族简史大事年表》五种附录表格，署笔名“任焦”。

《西南访古卅五年》1979 年 12 月 1 日：

① 汪宁生：《中国西南民族的历史与文化》，19 页，昆明，云南民族出版社，1989。

凉山彝族认为石板墓为“濮苏乌乌”（或分别“濮苏”和“乌乌”为两种人）的墓葬，就像茂汶羌族认为石板墓是“戈鸡人的洞洞”一样，是比他们早的人类所遗。这“濮苏乌乌”就是濮人。凉山奴隶有“濮节”之称，彝族又有“濮合诺合吉”的成语，意为“濮话和彝话混在一起说”，证实凉山彝族中融有濮人。忆1961年写《彝族简史》族源部分，大胆把濮人也作为彝族来源之一，并从《西南彝志》等彝文书中找出有关濮变彝或为彝所征服的记载为证，云南民族史学界老先生不以为然，现已“不幸而言中”。①

是年，参与《白族简史》编写工作，撰写第二章，与齐言合撰第九章，署笔名“任焦”。按：“齐言”乃王云慧女士笔名。

《西南访古卅五年》1961年12月18日：

今日云慧来大理，共同修改《白族简史》科学文化部分。②

是年，罗伯特·艾舍尔（Robert Asher）发表《考古学阐释中的类比》（*Analogue in Archaeological Interpretation*）一文。③

《谈民族考古学》：

民族考古学（ethnoarchaeology）是近年兴起的一个考古学的分支。它萌芽较早，但作为一门有自己理论和方法

① 《汪宁生集》第四卷，21页。

② 《汪宁生集》第四卷，48页。

③ Robert Asher, *Analogue in Archaeological Interpretation*, *Southwestern Journal of Anthropology*, *vol.* 17, no. 4: 317－325, 1961.

的边缘学科，是20世纪60年代才出现的。[注释：16世纪末17世纪初，英国人已以美洲印第安人和古代不列颠的布立吞人（Briton）相比较。17世纪末18世纪初，人们正是从民族志材料中受到启发，才否定了“雷斧”的传说，首次辨认出石器是人类最早使用的武器和工具。18世纪一位法国学者以加拿大的印第安人习俗来印证《圣经》。美国由于当地就有印第安人，更是经常用民族志材料解决考古学上的问题（如巨冢问题），并以考古调查结合印第安人传说来寻找新的遗址。据研究，“民族考古学家”一词是1900年一位美国学者首次使用的。1961年，第一次出现了专门讨论考古学类比的方法论的文章，标志着民族考古学的开始形成。参见I. Hodder, *The Present Past: An Introduction to Anthropology for Archaeology*, London: B. T. Batsford, 1982, pp. 31 – 40. D. Stiles, *Ethnoarchaeology: A Discussion of Methods and Applications*, *Man*, 12 (1977), pp. 87 – 89.]①

是年，冯汉骥发表《云南晋宁石寨山出土文物的族属问题试探》（《考古》1961年第9期），提及石寨山西汉墓出土的铁器，但认为西汉时期“滇族尚未掌握炼铁技术”。

1962年　壬寅，33岁

8月，写成《从考古材料看云南冶金业的早期历史》一文。

《年谱》：“9—10月，调查永胜县他鲁人。”

《年谱》：“11月，长子歌出生。”

是年，《几个南诏城址的考察》发表于《学术研究》（1962年第

① 《汪宁生集》第一卷，5页。

11期)，署笔名“林声”。① 文章对洱海地区尚有遗迹可寻的太和城、阳苴咩城、大厘城、龙口城、龙尾城、邆川城（德源城)、白崖城的历史沿革及城址位置和遗迹作了考察，辨明陈说错误，进而概括出南诏城镇的一些特征：1. 各城当未被南诏占有时，有些可能已形成为城镇，南诏城镇就是在这些原有居民点或城镇的基础上改建或扩建起来的，阁罗凤时代，洱海地区南诏城镇已全部筑成；2. 城的范围一般都很小，面积多不超过2平方公里；3. 南诏城镇和居民点的分布有“依傍四山”特征；4. 调查发现，南诏的有些“城”有宫室之类建筑基址，实不过是供统治者居住的城堡而已，南诏所谓“城”的政治意义和军事意义远大于经济意义；5. 各城的城墙多有保存，反映出南诏筑城的特点是善于利用有利地形；6. 南诏在建筑方面，确受到中原地区的影响。

是年，李家瑞发表《两汉时期云南的铁器》(《文物》1962年第3期)，认为晋宁石寨山西汉墓中出土的铁器都是从四川输入的，直到东汉时期云南地区才能自己制造铁器。

1963年　癸卯，34岁

《年谱》：“1月，回中央民族学院，无课可上，有暇读书，开始涉猎国外人类学著作。时该院集中民族研究领域中著名学者潘光旦、费孝通、吴文藻、林耀华、闻宥、马学良诸教授，不时请教，获益良多。”

《历九州之风俗 考先民之史迹》：

> 1963年和1964年上半年回到北京，中央民族学院当时几乎集中了中国民族研究领域的权威和著名学者——潘光旦、吴文藻、费孝通、林耀华、傅乐焕、闻宥、马学良等

① 此文收入《汪宁生集》第二卷，改题为《南诏几个城址的考察》。

> 等，得以不时请教，获益良多。更重要的这段期间给我一个难得的读书机会，靠着中小学打下的英文基础，借助字典，泛阅了国外人类学和民族学的名著原文，等于自学民族学基础课，掌握了基本知识，特别是调查方法的基本知识。①

2月，顾颉刚《史林杂识》初编出版（中华书局，1963年），先生读后深受启迪，感到民族调查对于研究中国考古学和古代历史是有意义的工作。

> 《多所见闻 以证古史——记顾颉刚先生对我的启迪和帮助》：
>
> 20世纪60年代初期，我到云南从事民族调查工作，开始很不安心，兴趣不大，总以为是荒废了自己的专业。1963年顾先生的《史林杂识》初编出版了，我读完这本书后，心胸突然开朗起来。
>
> 顾先生用藏、白等族招赘习俗，证明古代赘婿实与奴隶无异；用傣族、苗族丢包习俗，说明内地抛彩球择婿之风的由来；考证“披发左衽”，以蒙藏人民的服饰作为实例；解释《老子》中“刍狗”一词，以喇嘛庙中酥油偶像作为比喻。此外，还指出“傻瓜”一词得名于“瓜州之戎”；“吹牛”“拍马”为西北方言；以黄河、柳江上的连舟搭桥解释古代“造舟为梁”；以四川、湖南民间住宅的天窗说明古代“中雷”之制等等。总之，无论是边疆少数民族保存的文化习俗，还是残留于内地偏僻地区的民俗学资

① 《汪宁生集》第一卷，531页。

料，到了顾先生手中都有用处。甚至连多年前看过的一场戏曲，听到的某句方言，也能随手拈来，用以证史。我第一次感到自己正在从事的是一项有意义的工作，它对自己研究中国考古学和古代历史的夙愿，不仅不相违背，而且大有助益。

于是我边作调查，边读书，并也试探着用调查来的资料解释古史上一些疑难问题。虽是开始学步，无甚成绩可言，但多少体会到做学问的乐趣了。①

范祖锜《虽九死其犹未悔——民族考古学家汪宁生先生访谈录》：

汪宁生：1960 年 5 月，我作为中央民族学院的教师，奉派参加由全国人大统一领导的云南民族调查组。这是我接触民族研究之始。此时，总感到学非所用，以不能从事考古工作为遗憾。虽然身在民族调查组，但研究考古学和中国古史的夙愿始终未曾泯灭，兴趣仍浓，时常翻阅有关书刊聊以自娱。有一次看到顾颉刚先生抗战时期在昆明写成的《浪口村随笔》（不久就改名为《史林杂识》，由中华书局正式出版），心胸突然开朗起来……我才知道原来边疆少数民族保存的文化习俗，甚至残留于内地偏僻地区民俗学资料，到了顾先生手中都有用处，他能随手拈来，用以考证古代的问题。自己现在长年生活在少数民族之中，接触的“奇风异俗”更多，为什么不能用以研究考古学和中国古史问题呢？而且研究任何学问，贵在发现新的材料。记得在《中央研究院历史语言研究所集刊》上读过傅斯年先生的一篇文章，大意是说一种学问若能扩张他研究的材

① 《汪宁生集》第一卷，519 页。

料便进步，不能扩张便退步；还以打油诗一首，要求研究者“上穷碧落下黄泉，动手动脚找东西”。考古资料多是残缺的零碎的，中国古史上有些长期聚讼的疑难问题也多由于“文献不足征”。假如能适当地运用民族学资料于考古学或古史领域，无异为这些学科扩张大量研究资料。有了这番认识，我对民族调查便发生了浓厚的兴趣，不仅不再厌烦，反而乐此不疲。每当到一个民族之中，除完成领导布置的任务外，自己总要“种一点自留地”，搜集一些可能对研究考古学有用的资料。

是年，开始翻译德国人类学家利普斯（Julius E. Lips）《事物的起源》（*The Origin of Things*: *A cultural history of man*）一书。①

是年，先生参与编写的《彝族简史》《白族简史》出版（中国科学院民族研究所，1963 年）。

是年，《从考古材料看云南冶金业的早期历史》发表于《学术研究》（1963 年第 3 期），《记彝、羌、纳西族的“羊骨卜”》发表于《考古》（1963 年第 3 期），皆署笔名“林声”。

是年，《谈云南开始制造铁器的年代问题》发表于《考古》（1963 年第 4 期），署笔名“林声”。文章根据考古材料，证明云南在西汉时期已能自制铁器，并且指出：“把云南冶铁历史的上限暂定在汉武帝时期，也许比较恰当。”

1964 年　甲辰，35 岁

1 月，于北京西郊写成《试释云南晋宁石寨山出土铜片上的图画文字》。

① 《汪宁生集》第三卷，458 页。

4月11日下午离京，19日抵昆明。

《年谱》："5—7月，带领学生赴西双版纳实习，开始调查傣族制陶问题。"

《年谱》："10月，由京调昆，任职于云南省历史研究所。父母亦由宁迁昆。"

徐杰舜《民族学考古学本是一家——云南民族大学汪宁生教授访谈录》：

汪宁生：那时我在云南民族调查组啊，编制还在北京。"文革"前夕，我在云南结婚了，结婚了，你可能知道嘛，北京的户口进不去，所以关系就转了。

孔令远、李艳华《汪宁生：中国民族考古学的创建者》：

汪宁生曾对笔者说，他对离开北大分到中央民族学院，后来又"发配"到云南工作，一点也不觉得遗憾。正是有了考古学和民族学两方面的学习经历，才使他拥有开创中国民族考古学的有利条件；也正是由于长期在西南民族地区做田野调查，才使他有机会比别人更接近少数民族，掌握了较多的民族志资料。

是年，先生获读英国皇家人类学会所编 *Notes and Queries on Anthropology*（《人类学的询问和记录》），以之为指引摸索民族调查之道。

《西南访古卅五年》1964年5月9日：

来（西双版纳）前从林耀华先生借得《人类学的询问和记录》（英国皇家学会编）一书，沿途翻阅，略窥民族调查之门径。每一问题必从各方面调查询问，务求其详，始能成为有用资料。①

《西南访古卅五年》1964 年 6 月 3 日：

今日仍是白日参加劳动或辅导学生写家史，晚上在无聊之村民大会上陪坐。偶有空闲，便翻阅《人类学的询问和记录》一书。深感人类学调查要有科学方法，我等过去调查实不足以言科学性。近日试以书中提示，对傣族离婚普遍、"上门"者众等问题，进行记录和分析，纯属练习性质。②

《历九州之风俗 考先民之史迹》：

林耀华先生借我的英国皇家人类学会编《人类学的询问和记录》一书，对我学会调查方法帮助尤大。读了这本书我才知道调查工作原来大有学问，我才知道剖析一个社会应该调查哪些方面，调查某一方面又应询问哪些问题，原来前人早就准备好全面的具体的调查提纲；而且对如何选择报告人和训练翻译，如何询问，如何记录，都有一套方法，前人早就总结出许多有用的经验。即文字记录也绝不是仅用一个笔记本，而应该根据情况使用不同的记录形式（谱牒、日记、表格等）。这本书一直放在身边，成为调查旅途中的伴侣，直到 20 世纪 80 年代从国外找到更新的版本才把它还给林先生。③

按：先生在接受美国人类学家顾定国采访时说，即使改革开放以前，中国大陆上也可以看到西方人类学民族学书刊。顾氏在《中国人类学逸史》中写道："另一些研究人员有不同反应，他们表示尽

① 《汪宁生集》第四卷，89 页。
② 《汪宁生集》第四卷，92 页。
③ 《汪宁生集》第一卷，531 页。

管必须小心翼翼，但他们还是可以看民族学和民族志方面的外国书籍的。汪宁生讲，教职员工都可以从图书馆里借到这类外国书籍。他从林耀华和杨堃的家庭藏书里也读到过大量的这类书籍，涉猎的作品多种多样，从马列主义经典著作到‘皇家人类学会’出版的《人类学的询问和记录》（*Notes and Queries on Anthropology*）——汪宁生还把它用作田野工作指南。”①

是年，《试释云南晋宁石寨山出土铜片上的图画文字》发表于《文物》（1964 年第 5 期），署笔名“林声”。

王东昕《忆当代著名民族考古学家、文化人类学家汪宁生（1930. 5—2014. 2）》：

《文物》1964 年 5 期刊载的“试释晋宁石寨山出土铜片上的图画文字”一文，通过把铜片上的图画符号与中、外民族学、考古学资料进行严谨的类比后，形成这些符号“基本上仍是一种图画文字……仍属于原始纪事范畴，还不能算是真正的文字”的结论，迄今为止尚无人能以令人信服的论据或论述反驳之。②

是年，李家瑞发表《关于云南开始制造铁器的年代的说明》（《考古》1964 年第 4 期），回应先生《谈云南开始制造铁器的年代问题》一文，仍主张“西汉时期云南的铁器是从四川输入的”。

是年，《关于云南开始制造铁器的年代问题——答李家瑞同志》发表于《考古》（1964 年第 5 期），署笔名“林声”。文章对李家瑞

① ［美］顾定国著，胡鸿保、周燕译：《中国人类学逸史——从马林诺斯基到莫斯科到毛泽东》，228 ~ 229 页，北京，社会科学文献出版社，2000。

② 王东昕：《忆当代著名民族考古学家、文化人类学家汪宁生（1930. 5—2014. 2）》，载《云南民族大学学报》（哲学社会科学版），2014（2）。

提出的意见逐条进行回答，说明“李先生所举理由仍不能改变我对晋宁石寨山铁器的看法”。

是年，《云南永胜县彝族（他鲁人）“羊骨卜”的调查和研究》发表于《考古》(1964 年第 2 期)，署笔名“林声”。

1965 年　乙巳，36 岁

《年谱》：“1 月起在滇西南长期调查，发现沧源崖画，实地考察基诺山‘长房’，为此行最大收获。开始确立搜集和利用民族学资料研究考古学及中国古史的治学方向。”

1 月 17 日，先生首次听说沧源有古代崖画。

《云南沧源崖画的发现与研究》：

1965 年 1 月 17 日，我们在曼帕寨召集一些佤族老人及当地干部座谈，了解有关佤族宗教信仰及风俗习惯等情况，大家提到附近有个地方，名叫“帕典姆”，意为“有画的崖”。崖壁上画有人、牛等形象，过去被认为是仙人显灵，每逢过年，当地傣族人民要前往祭拜。这是第一次听说有崖画之事。①

1 月 20 日，在沧源县民良乡发现崖画。

《云南沧源崖画的发现与研究》：

1 月 20 日晨，由曼帕东行约两小时，即抵达“帕典姆”，见一片长达数十米的垂直崖壁上，布满红色绘成之人物、动物图形，画风古朴，乃知此为一项极有价值的文物

① 《汪宁生集》第二卷，8 页。

古迹，有必要进行细致的观察和记录。①

《西南访古卅五年》1965 年 1 月 20 日：

早饭毕即与老五去找崖画。抵达当日县政府干部老彭告知，附近崖子上画有人像，群众说是仙人（“不卓”）显灵，过去常去祭拜。在座有人证实此事，并补充说该处名“帕典姆”，意即“画崖”。

无论是真是假，不妨一观。老五问清方位及距离后动身。东行约两小时遇一小河。桥是一棵大树砍倒搭于对岸(大概桥即如此起源)。过河穿过一片蚕豆地抵山脚。上山无路，灌木丛生，老五以长刀钐路，始能前行。

爬山约半小时，突见一片垂直光滑崖壁横亘眼前，走近见壁上布满红色图形，有人有牛，还有其他动物，人们用弩射猎，形象逼真，画风古朴生动，如书本所见世界其他地区崖画。有画之崖长达 30 米左右，站在其下，仿佛置身于伟大的“画廊”之中。奔走数年，今日总算在云南发现一处极有价值之文物古迹！

观察未久，太阳西下，直射崖画，图形反而模糊难辨，于是恍然大悟，所谓“仙人显灵”，即因阳光照射下图形或隐或现而附会。

天渐垂暮，有人烧山种田，老五怕归途烧断，一再促归。决定日后再来，以此为佤山调查重点。②

1 月 21 日—2 月 4 日，走访崖画相关信息，购买绘图的相关工具，做田野调查的物质准备。

---

① 《汪宁生集》第二卷，8 页。

② 《汪宁生集》第四卷，107 页。

《西南访古卅五年》1965 年 1 月 21 日：

继去民良上寨（60 余户）访问 94 岁之老人田岩茸（曾任“达日特”，为派款头人）。他头脑清晰，且愿谈话，开始即说：“寨里的人都是我看着从娘的屁股掉下来的。”先问崖画，他说幼时放牛即见，傣族常去祭拜，不知何人何时所绘。①

《西南访古卅五年》1965 年 1 月 24 日：

今日天气晴朗，再去“帕典姆”，发现两人叠立图形几组，疑与历史上以杂技表演朝贡之掸人有关。天黑方归。

这里相距住地太远，若如此早出晚归，每天最多工作二三小时。要作详细绘图及记录，今后只能在当地宿营。必须作好一切物质准备，待春节后再正式进行。②

《西南访古卅五年》1965 年 1 月 26 日：

再去勐乃，会见乡长 × × ×，证实傣族过去有去崖画前“做赕”（祭祀）之事，二三年前始罢。③

《西南访古卅五年》1965 年 2 月 1 日：

29 日回勐董过春节，并购买皮尺等绘图用物……今为春节除夕，整日在纸上画格（此间无厘米格纸可购），备摹绘崖画用，以此减少思家之念。④

《西南访古卅五年》1965 年 2 月 4 日：

访罕富民之弟富国，询崖画事。自称勐乃及丁来二处均见过，“不是人所能绘”。⑤

---

① 《汪宁生集》第四卷，108 页。
② 《汪宁生集》第四卷，109 页。
③ 《汪宁生集》第四卷，109 页。
④ 《汪宁生集》第四卷，110 页。
⑤ 《汪宁生集》第四卷，110 页。

2月5日—10日，调查崖画第一地点，做记录、绘图及摄影等工作，并辨认出部分图形。

《西南访古卅五年》1965年2月5日：

乘车至糯良，步行来此。购买之物不少，背包甚重。

春节期间老五回家，现已归来。乡领导坚持再派民兵两人随同前往野外工作，以保证安全。一切准备就绪，议定明日动身。老五已看好崖画山脚下有田房一座可以住宿。①

《西南访古卅五年》1965年2月6日：

早饭后出发……抵田房，留老五安排食宿，我一人上山工作。入晚始归……两位民兵一名田赛惹，一名田岩格朴，皆可爱佤族青年。②

《西南访古卅五年》1965年2月8日：

连日工作进展顺利。两位小田心灵手巧，了解意图后，很快用树枝、竹藤做成人字形梯，使我可以站立其上就近观察辨认图形，且可以移动。老五已会准确量出尺度，使我可以专心摹绘，不必又量又绘爬上爬下。大部分图形已经摹绘并摄影。

附近种地佤族人民常来参观，七嘴八舌，帮助辨认图形。由于他们经常打猎熟悉动物，有些动物图形赖他们认出。对崖画绘猴群下山尾上翘而上山尾下垂，他们尤为欣赏，认为与实际情况全同。羽人图形我原百思莫解，一位青年突然说：“那在头上的不是羽毛吗？像今日拉祜族一

---

① 《汪宁生集》第四卷，110页。

② 《汪宁生集》第四卷，110页。

样，就是太长了点！”①

《西南访古卅五年》1965年2月10日：

晨起上山利用阳光尚未直射崖壁时机再拍一卷胶卷，然后收拾行装，把剩余食品一齐煮食（连做糨糊用的一点面粉也做成一块粑粑），算是“最后的早餐”，愉快下山。

第一地点（今后崖画地点即以发现次序命名）野外工作自此圆满结束，共历时六天。②

2月12日—14日，在沧源丁来大寨调查第二地点崖画。

《西南访古卅五年》1965年2月12日：

今日开始寻找新的崖画地点。为了轻装，只带工作用物。好在现在我在佤族家中已能吃能睡。晨10时动身，途经珙撒（佤族村寨，信小乘佛教）略事休息，下午5时始达丁来大寨。旋由社长×××带领去看崖画，老五足健先行，东行约一公里，突闻高呼“一样的，一样的！”比至，果见红色图形分布于大片崖壁上。又发现了一个地点！大为兴奋。③

《西南访古卅五年》1965年2月14日：

连日记录、绘图、摄影。请两个民工协助搭架，又由小学搬来桌凳各一，工作条件较第一地点好了许多，进展顺利。现可肯定这里为一幅村落图，圆圈表示村落界限，半圆形下缀直线者乃干栏式房屋。诚乃反映崖画创作时代

① 《汪宁生集》第四卷，111页。

② 《汪宁生集》第四卷，111页。

③ 《汪宁生集》第四卷，112页。

社会生活最佳资料，惜残缺较多。①

2月15日—17日，在沧源曼坎寨调查第三地点、第四地点、第五地点崖画。

《西南访古卅五年》1965年2月15日：

早饭毕，离丁来，下午抵此（曼坎寨）……由工作组阮君带领去盖新房处向群众了解崖画线索，不意此地竟有三处之多，连勐省大桥后山一处（距此不远），共有4处。喜出望外。②

《西南访古卅五年》1965年2月17日：

连日由小孩魏尼惹、赵尼不勒、魏三格特先后带领去找崖画。虽然他们放牛时曾经见过，但只记得大致方位，究在何处仍要重新寻找。这些天走了不少弯路、险路。崖壁非人常去之处，荆棘灌木丛生，几乎都要钐草开路。

幸每处范围不大，加上已有经验，找到后立即可完成记录工作。

这三个地点有手印、有舂米、有屋顶饰鸟之房屋，是新收获。当地人说过去“有头有脸”人家屋顶两端即有木鸟，现已简化成木叉形。老五补充说，民良某头人过去房屋上即有。③

2月18日，在沧源勐省镇调查第六地点崖画。

---

① 《汪宁生集》第四卷，112页。
② 《汪宁生集》第四卷，112页。
③ 《汪宁生集》第四卷，113页。

《云南沧源崖画的发现与研究》：

18日在曼坎至勐省大桥途中调查了第六地点。这个地点中抛球图形，使人们联想起古文献中有关“跳丸”的记载，再联系到第一地点中叠立、舞流星等图形，我们更相信崖画中有表现杂技的内容。①

《西南访古卅五年》1965年2月18日：

清晨未吃饭即去第六地点，图像极为清晰。见有抛球图形，当如古代之“跳丸”，进一步证实崖画绘有杂技之想法，殊为高兴。②

按：关于发现沧源崖画的时间，《沧源佤族自治县志·大事记》于1965年下记载：“1月12～18日，云南省历史研究所的汪宁生和本地佤族干部李老五在进行民族调查时，发现沧源崖画第一、二、三、四、五、六点。”③ 时间有所出入，当以先生日记为确。

《年谱》：“9月起调去墨江参加‘四清’。正值求知欲望旺盛研究兴趣浓厚之际，不能从事专业工作，日以‘阶级斗争’为业，内心痛苦之极。”

12月8日，《云南沧源发现古代崖画》发表于《人民日报》（1965年12月8日第5版“学术文化动态”），是为中国第一篇沧源崖画的报导，录文于下：

沧源佤族自治县位于云南西南边境。一九六五年初，云南省历史研究所工作人员到沧源进行调查工作，在那里

① 《汪宁生集》第二卷，8～9页。

② 《汪宁生集》第四卷，113页。

③ 李明福主编：《沧源佤族自治县志》，21页，昆明，云南民族出版社，1998。

发现了六处古代的崖画。这在云南省尚属首次发现，为研究少数民族的历史和艺术提供了新的资料。

这些崖画都分布在高山垂直的崖壁上。由于岩石风化剥蚀和雨水冲刷等原因，崖画毁坏甚多，现存部分亦多模糊残缺。

画均呈红色。经过化验证明，当时所用颜料是赤铁矿。大部分画可能是用手指蘸着颜料绘上去的。画的风格古朴而生动，如人的身体都画成简单的三角形，面部五官也不绘出，但通过四肢的不同姿态，仍可以看出此人在进行何种活动。

崖画内容极为丰富，反映了当时人们生产和生活各方面的情况。最多的画面用来描绘牛、猴和象等动物的形象，以及人们用弩弓射猎的活动。有些画面则表现出人们正进行舞蹈或表演的姿态。从另一些画面又可以看到舂臼、驯牛，以及当时村落布局和房屋建筑的情况，可以看出有一座房屋是建造在树上的。此外，还发现人的手印和一些意义不明的图形、符号。

从画的方法和内容来看，它们具有相当的原始性，应属于当地古代居民的作品，可能就同佤族的祖先有一定的关系。因为佤族是这一带山区主要居民，也是传说中沧源地区最古老的居民，而且崖画所表现的生活习俗，同有些地区佤族的生活习俗也有某些相似之处。初步估计这些崖画至少已有四五百年以上的历史。关于它们的具体年代，尚待进一步研究。

是年，继续翻译《事物的起源》。

是年，写成《“滇”人的经济生活和社会生活——晋宁石寨山文物研究之一》初稿。①

是年,《四川凉山发现汉墓》发表于《考古》(1965 年第 3 期),《云南傣族制陶术调查》发表于《考古》(1965 年第 12 期),皆署笔名“林声”。

是年,《从考古材料看云南冶金业的产生与发展》刊载于《云南矿冶史论文集》(云南省历史研究所云南地方史研究室、云南大学历史系编,云南省历史研究所印,1965 年),仍署笔名“林声”。本文原载《学术研究》1963 年第 3 期,题为《从考古材料看云南冶金业的早期历史》,收入本书时曾略作修改。

1966 年　丙午,37 岁

《年谱》:“6 月,调回昆明参加‘文化大革命’。自此国无宁日,个人研究计划全成泡影。”

11 月 30 日,著名学者向达病逝,享年 66 岁。②

是年,忙里偷闲地继续翻译《事物的起源》。

是年,《云南沧源崖画》发表于《文物》(1966 年第 2 期),题下署“云南省历史研究所调查组”,文末注“执笔者:林声”。本文为先生所写一篇摘要介绍沧源崖画内容的简报,据已知材料对崖画的意义、年代、族属等问题作初步推测。

---

① 《汪宁生集》第二卷,444 页。

② 郝斌:《“我要有个三长两短”——记“牛棚”里的向达》,潘乃穆:《向达、潘光旦和土家族调查》,均见《向达学记》,北京,生活·读书·新知三联书店,2010。另:向达先生逝世的日期,有多种说法,荣新江《向达先生和他的〈唐代长安与西域文明〉》一文记为 11 月 26 日,方叶《向达先生学术年表》记为 11 月 24 日,皆见向达《唐代长安与西域文明》,北京,商务印书馆,2015。

1967年 丁未，38岁

《年谱》：“造反英雄开始互斗，逍遥派得置身事外。日长如年，汇集云南考古已发现之资料，开始写《云南考古》，聊以自遣。”

《云南考古·后记》：

我开始写这本书是在1967年。在全国专制肆虐、“左”祸横行、人身安全得不到保障的那些日子里，个人埋头写书，而且又是写一本不想迎合他们那些政治口号的书，是一件“非法”的事情，随时都有戴帽子、挨棍子的危险。我只能是悄悄地、断断续续地进行这项工作，写了多年也未写成，更不曾想到它还会公之于世。①

是年，张光直发表《论考古学和民族学的关系》，首次提出ethnoarchaeology（民族考古学）一词。

陈星灿《中国考古向何处去——张光直先生访谈录》：

张光直：说到民族考古学，它是从考古学的目的出发，研究民族学的一种学问。1967年，我在《当代人类学》杂志上，发表了一篇《论考古学和民族学的关系》的文章，造了一个ethnoarchaeology，即民族考古学。后来此字在美国生根，变成了一个大家都熟悉的学科，但在讨论民族考古学的起源的时候，没有人提到我的那篇文章。②

---

① 《汪宁生集》第二卷，299页。

② 陈星灿：《中国考古向何处去——张光直先生访谈录》，载《华夏考古》，1996（1）。

1968年　戊申，39岁

《年谱》："1968—1971年，39～42岁。去弥勒县'五七干校'，并发配泸西县'插队落户'。在泸西务农期间，稍有自由，开始翻译《事物的起源》。"

按：翻译《事物的起源》经过，先生在《译者的话》中有所记述："我译此书开始于1963年，至今已有十几年了。当时我在中央民族学院历史系工作，林耀华教授首先向我介绍此书。已故的傅乐焕教授又慨然把他珍藏的原书赠我，并劝我把它全部译出。我有感于这两位学术界前辈的深厚情谊和鼓励，便着手翻译此书。但开始不久即因忙于下去调查而搁置。1965—1966年，在从事素非所愿的工作中又忙里偷闲地译了一小部分。一直到了'文革'时期，当时我和千百万人一样被剥夺了从事自己专业工作的权利，下放劳动，便蛰伏于云南泸西县农村一间破屋中继续翻译此书，聊以遣岁，竟把它最后译完了。"①

在"五七干校"劳动期间，先生仍然坚持悄悄地进行学术活动，积累了许多从事学术研究的素材，为以后写出《云南考古》和一系列论文奠定了基础。

王建民、张海洋、胡鸿保《中国民族学史》下卷：

在考古学、民族学领域著名的学者汪宁生，在回忆自己的"干校"生活时告诉我们："我在干校被分配去烧开水，我烧水时常常看书入了神，以至于同事们都老说，汪宁生的水总是烧不开的。'文革'结束不久，我很快就出版了《云南考古》等专著和论文，其实与我在'干校'劳动

① 《汪宁生集》第三卷，458～459页。

时偷闲读书有很大关系。”①

是年，北大教授胡稼胎逝世。

胡稼胎是先生在北京大学求学时英文高级班的任课教授。先生晚年撰有《一位拒不认错的北大右派教授——怀念胡稼胎先生》一文，身后由家属整理，发表于《民族学报》（第十一辑）。

1969年 己酉，40岁

1970年 庚戌，41岁

1971年 辛亥，42岁

是年，先生在泸西务农，仍进行《事物的起源》翻译工作。

《事物的起源·再版后记》：

我在自己来日无多还有许多未竟工作尚待完成的情况下，仍愿意费力从事这项工作，还因为此书于我有一种纪念的意义。作者利普斯是非犹太裔人类学家中第一个站出来反对希特勒暴政的。他因此而被迫出走最后移居美国。他在书中不时通过歌颂简单社会中民主平等的自由自在的社会生活，实际上是在谴责当代一切暴力和专制。对七十年代初正在被迫下放劳动的我而言，此书很有吸引力，颇能引起我思想上的共鸣。实际上，当时手边除了此书外也别无他书可看。我翻译此书时从未想到有一天能够出版，实不过作为无聊生活

① 《中国民族学史》下卷，248页。

中惟一的慰藉和寄托。回忆当时两个孩子也曾随我们夫妇先后发配到农村，无幼儿园和小学可进，无玩具和儿童读物伴随他们的童年，遇阴雨天气全家蛰伏在破陋的小屋之中，我便为他们讲述本书第十四章中“原始人”那些神话故事，和他们一起消磨时日，居然也能带给他们一些欢乐（浅化民族思维原和孩子相通）。故这本书在当时又成为我们全家的精神食粮。幸运的是我们全家终于熬过了那十年黑暗岁月，两个孩子终于长大成人，到大洋彼岸闯荡去了。①

1972年　壬子，43岁

《年谱》：“5月，调入云南省博物馆。”

1973年　癸丑，44岁

《年谱》：“3—5月，赴德宏地区搜集民族文物，趁机继续作民族调查。”

11月18日，译成《黑格尔〈东南亚古代金属鼓〉的解说》初稿。

《年谱》：“是年起奉调参加编写《云南各族古代史略》，完成任务之余，多有闲暇可以读书作文。一系列重要论文于此后数年间完成或写出初稿。”

王建民、张海洋、胡鸿保《中国民族学史》下卷：

1973年秋，受中共云南省委的委托，云南大学等单位的马曜、汪宁生、王宏道、王叔武、易问耕、夏光辅、江应樑、尤中、邹启宇等人开始编写一部云南民族历史。②

---

① 《汪宁生集》第三卷，726页。

② 《中国民族学史》下卷，260页。

1974年　甲寅，45岁

4月8日，译作《黑格尔〈东南亚古代金属鼓〉的解说》修改誊清。

是年夏，云南历史编写组分成古代和近代两个组，分别编写，由马曜直接负责古代史部分，先生参加古代史组的编写工作。

1975年　乙卯，46岁

2月，写成《南诏中兴二年画卷考释》初稿。

《年谱》：“1974—1975年，45～46岁。是时始与顾颉刚先生通信，以民族志印证古史文章寄上请教。顾先生勉励有加，增强治学信心。”

> 顾潮《顾颉刚年谱（增订本）》一九七五年：
>
> 是年，经闻宥介绍始与汪宁生通信。汪氏在云南从事民族调查工作，受《史林杂识》一书启迪，亦以调查所得解释古史上疑难问题。①

8月6日，苏秉琦先生来信。

> 宁生同志：
>
> 许久没有写信，非常抱歉！你给邵望平同志的信，她转达了你的话。那篇文章，方法、论点均不错，已交“学报”安排发表，希望把近期发表的一些新材料补充包括进去，估计不费事，与原论点也不会有大的影响，做些必要

① 顾潮编著：《顾颉刚年谱（增订本）》，461页，北京，中华书局，2011。

的改动就可以了。

云南考古还是可以大有作为的，我有一个想法，供你参考。我觉得，云南的开发，大理一带可能比昆明一带要早，云南地区原始文化的重心有可能不在东而在西。这想法的依据不多，希望在考虑工作、问题时注意一下，看是否有道理？

此致

敬礼

苏秉琦

1975. 8. 6①

9 月，云南历史古代史组写成征求意见稿，油印分送省委及编写单位有关同志审阅，广泛征求意见。②

是年，《晋宁石寨山出土铜器图象所反映的西汉滇池地区的奴隶社会》发表于《文物》（1975 年第 2 期），署笔名“林声”。

1976 年　丙辰，47 岁

7 月，陪同中央民族学院张公瑾、中国社会科学院考古所邵望平等赴西双版纳对傣族历法进行实地调查。③ 由于此行只当“配角”，未能对深感兴趣的基诺洛克山区龙帕寨的大房子、曼雅寨的经济类型等问题作深入了解。④

---

① 据原信影印件。

② 木基元：《简评王宏道对云南民族历史文化研究的贡献》，载《楚雄师范学院学报》，2009（11）；谢本书：《马曜评传》，143 页，昆明，云南教育出版社，2001。

③ 《中国民族学史》下卷，261～262 页。

④ 《汪宁生集》第四卷，129～130 页。

10月19日，徐中舒来信。

宁生同志：

惠书并在宥兄介函，承奖借逾量，深愧无以仰副厚望！

大箸《八卦起源》，精思卓识，极为钦佩！现在要理解这个问题，必须借助于比较民俗学，云南是研究民族学的基地，又有您这样好学深思之士，所以才能解答这个过去未能解答的问题。

《北史·高车传》说高车人倍庚利“善用五十蓍筮吉凶，每中”；蓍用五十，正与周易筮法相同。高车亦称丁令，狄历，也就是古代的赤狄白狄的遗种。用五十蓍筮，可能就是古代北狄的旧俗。周人发展为六十四卦三百八十四爻而称为周易，易与狄古同音通用，以易为名，正是显示是其（其是）出自狄人。此我旧日臆说，不足为典要也。

匆复，顺颂文祺！

徐中舒

1976.10.19①

12月，《试论中国古代铜鼓》一文定稿。②

是年，《八卦起源》发表于《考古》（1976年第4期）。先生1985年10月27日补记：“这原是写给郭沫若先生的一封信，承他改成文章形式并推荐发表。”

是年，云南历史古代史部分定稿，题曰《云南各族古代史略》。

---

① 据原信影印件。

② 《云南青铜器论丛》编辑组：《云南青铜器论丛》，142页，北京，文物出版社，1981。

1977年　丁巳，48岁

《年谱》："1月，父不幸摔跤骨折，原非不治之症，未能尽心照料，遂致不起。享年八十。"

6月，《云南各族古代史略》由云南人民出版社出版。本书为马曜主编，先生撰写其中第一章《远古时期的云南》、第三章《秦开"五尺道"和"置吏"》、第五章《滇池地区奴隶制的发展》及第七章《东汉永昌郡的设立》，并编写附录《云南历史年表》《云南历代建置表》《云南少数民族简表》《云南重要碑刻录文》。

陈友康《马曜对云南学术的贡献》：

这其实是一部云南古代通史。虽然受时代局限而在史学观念上存在缺陷，如以阶级斗争为主线来叙述历史，过度强调农民战争对历史发展的作用等。但它在云南地方史研究中的开创之功仍不可没。一是它是第一部现代意义上的云南古代通史；二是在体例设计、史料搜集和史实考订方面用功极深，至今不乏闪光之处。在体例上，本书以云南历史上从远古到鸦片战争前的重大事件为题，类似"纪事本末体"，每事一题，共28题，云南史事，条理清楚、重点突出地得到说明；又附录《云南历史年表》、《云南历代建置表》、《云南少数民族简表》、《本书参考资料》、《云南古代史书目简介》、《云南重要碑刻录文》等，极便使用。日本著名人类学家白鸟芳郎在日本东南亚史学会关东部会月会上对该书加以介绍和评论。①

① 云南省文史研究馆编：《先生之风》，76~77页，昆明，云南人民出版社，2009。

是年，《汉晋西域与祖国文明》发表于《考古学报》（1977 年第 1 期）。先生自述本文由学生时代之习作增订而成；① 发表时“清规戒律”较多，“发表之前就被要求必须把‘中国’改为‘祖国’，以此强调西域自古就是‘中国的领土’”。②

是年，《耦耕新解》发表于《文物》（1977 年第 4 期）。

《多所见闻 以证古史——记顾颉刚先生对我的启迪和帮助》：

1974 年（或 1975 年），我经中央民族学院闻宥教授的介绍和顾先生开始通信。这已是“十年浩劫”后期，长夜漫漫，生活无聊，我只有清理过去调查资料以自遣。有时也结合古史写些读书札记之类，其中偶有自以为可以言之成理者便草成短文。在和顾先生通信时，我常把这类文字随手抄寄给他，求他指教。这类文字我当时是不想发表的，因为对那个时代来说，它太“不合时宜”了，有可能招来横祸。然而顾先生不仅复信勉励有加，并把它推荐给有关刊物。这些情况当时并不让我知道，后来顾先生在一封长信中回忆说：“前数年接贻书，并贻大作《耦耕新解》一文，胜义联翩，不胜钦佩。本为介绍至《历史研究》，然该社在‘四人帮’控制下不得发表，乃送至《文物》登出。”对一个素未见面的后辈一篇习作性文字如此不惮其烦地四处推荐，全然不避自己的风险，使我看到一位老学者的正直和勇敢。为了宣扬学术和奖掖后进，

① 《汪宁生集》第二卷，355 页。

② 《汪宁生集》第四卷，609 页。

他是无所畏惧的。①

6月29日，致信徐中舒先生，并寄赠《文物》1977年第4期。

7月8日，考古学者杨宝成来信，谈及对《八卦起源》《耦耕新解》二文的看法，并询问云南少数民族有无“氏族”制度残余问题。

汪宁生同志：

近年来连续拜读了你的两篇文章，“八卦起源”和“耦耕新识”，很有感触，这也是我今天握笔给你通信的原因。

我认为这两篇文章是近几年来考古界的不可多得的好文章。

1. 运用民族学和考古学的资料，解决了古代史中的问题。“八卦”和“耦耕”是两个先秦史上经常遇到的问题，这两个概念被历代统治阶级和封建文人越说越玄，而且现在我们搞史学研究工作的一些同志也在那儿搞玄学，跟着乾嘉学派的那几个人屁股后面搞繁琐考证，把这个问题越搞越糊涂，似乎越说得神乎其神，他的学问就越大。还有的做学问的人，根本没接触过社会实践，既未参加过劳动，又未搞过社会调查、考古发掘，关在办公室去想八卦，想耦耕，想当然的结论是可笑的。然而他们是这个“家”、那个“家”，而且结论颇有历史根据，于是乎不少人就深信不疑。你的两篇文章推翻历来为人们所深信不疑的结论，这在科学上是一个大胆的行为，值得人们敬佩。

① 《汪宁生集》第一卷，519～520页。

2. 文章深入浅出，学问做得深，论据扎实，观点鲜明，不兜圈子，不模棱两可。做学问，要又学、又问，不读书而做学问者，那是“四人帮”们所鼓吹的；但书读多了，又跳不出来，最后越谈越糊涂，也不可提倡。读书要带着问题读，对古人写的书要多问几个为什么。从书中找到了为什么，再去“问”，去调查、发掘，解决这个为什么。两篇文章的路子可能就是这样走的，这个做学问的路子是值得提倡的。

3. 文章结构很有逻辑，文字通俗、流畅。这种文风值得我们学习。搞考古的，搞民族学的，往往写文章都是那样冗长、呆板、无味，读者甚少，连搞专业的人都不愿意看。你的文章没有“八股味”，很清新。

上述三条是我读了你的文章的体会，是心底里的，决无半句奉承之语。本人崇敬科学真理，对埋头苦干、踏踏实实做学问的人，我是肃然起敬的；对一些以学者自居，以“学问”打人、压人、吓人的人，我抱以蔑视。

你我素不相识，又毫无工作关系，人们也不会怀疑我们之间有什么“私人关系”，而去吹捧某个人。

信写到这里，我还没有向你介绍一下自己。我是北大考古专业毕业的（六三级，与你馆张增祺同志同班）。现在考古所工作，专业是搞商周考古，近几年一直在安阳殷墟搞考古发掘，也搞点研究工作。去年上半年我和杨锡璋等同志合作在殷王陵区（武官村北地）挖掘奴隶祭祀坑，报告和文章已在今年第一期发表，谅必你已看到。去年下半年我和杨锡璋同志合作，把近几年在殷墟西区挖掘的近千座自由民的墓葬进行了整理，目前报告和文章也已脱稿。在殷代自由民墓葬中，我们发现殷代社会中有“族”的组织形式，他们聚族而葬。奴隶社会中残存着“氏族”组织的残余，这是一个商周考古中的大问题，对这个问题我们二人作了一些研究，利用了一些甲骨、文献资料，也曾打算用点民族学资料，看了几本云南大学最近出版的民族调查资料，并没有找到满意的佐证。云南有不少少数民族，解放前属奴隶社会的，他们有没有“聚族而居，合族而动，聚族而葬”的现象，或其他氏族制度的残余？你曾长期从事民族调查工作，这里特向你请教。

最近我所在历史博物馆搞了一个考古工作汇报展览，把近几年考古所的重大发现都展出了，我建议你有空到北京去看看。

关于商代的农业生产工具（包括耒耜）还有不少问题需要进行研究讨论，我看以后再找机会谈吧！啰啰嗦嗦写了这么多，如有空请来信，并希望在今后的研究工作中我们能互相帮助，共同提高。信中如有错误之处，请指正。

祝

进步

杨宝成

七七年七月八日夜于殷墟①

7月10日，徐中舒来信，就耦耕是否换工问题提出商讨。

宁生同志：

得六月二十九日惠书，并承赠刊有大著《文物》一册。

① 《汪宁生集》第四卷，557～558页。

耦耕一文，多抒新义，亦近今不可多得之作也！以今日少数民族之史迹，印证古史，最能说明问题；但今日少数民族往往受其邻近先进民族影响，亦当分别看待。如大著引用各族人民答复二人一起劳动的好处五点，都是耦耕最合理的解答，是正确的。耦耕是两人在一起劳动，分工合作，并不是换工。原始民族“出入相友，守望相助，疾病相扶持”，在严酷的自然斗争之前，也只有这样，才能生存下去。傣族人民建造竹楼，全村的人都来帮忙，并无换工之事。原始人民以助人为乐，并不斤斤计较，以工换工。换工是汉族社会的习惯，非原始社会所当有也。

耦耕可以有多种方式，共耕共耘并见《诗经》。“亦服尔耕十千维耦”，此共耕也；“千耦其耘”，此共耘也。《月令》以岁终计明年开春的耦耕事，这绝不是换工。郑玄说“古者耜一金两人共发之”，这一句话不错；当时边区可能还有两人共发一耜之事。但他后一句说“今之耜，歧头两金，象古之耦也”，这句话是错的。汉代“歧头两金”的耕具通名为臿，即古之耒。耒銛歧头，耜一金，不歧头，只是通行的区域不同，并不是古今之异。

拙著《井田制度探原》载于《中国文化汇刊》四期，1942年在成都刊出。此稿对于井田和爰田都没有说清楚，本想再写一篇《井田制度再探》，现在已将其要点摘录于最近脱稿的《古井史话》中。此稿已交《文物》，其中有一节是专讲《易经井卦中的井、陷井和井田》的。此文约一万余字，尚不知何日刊出。《中国文化汇刊》四期，因屡次搬家之故，现在也找不出，未能寄阅，尚希见原！

寄来宣纸纸幅甚大，我久不作字，更不能写大字，俟稍暇写一斗方，如何？

专复，顺颂

文祺！

徐中舒

1977.7.10①

11月，前往滇东北及四川自贡、宜宾等地，为《云南古代史大事记》搜集图片资料。

是年，《远古时期云南的稻谷栽培——云南少数民族科技史学习札记》发表于《思想战线》（1977年第1期）。

1978年 戊午，49岁

5月15日，顾颉刚来信，谈及《耦耕新解》及《武王伐纣前歌后舞新解》二文。

宁生同志：

前数年接赐书，并贻大作"耦耕新解"一文，胜义联翩，不胜钦服。本为介绍至《历史研究》，然该社在"四人帮"控制下不得发表，乃送至《文物》登出。彼时正在病中，又因受地震影响住院疗治，未寄复书。多承见念，不胜抱憾。

我年逾八十，老年慢性病日多，以致耳聋眼花，手颤足软，几成废物。荷蒙见推，示我新作，以少数民族之遗风印合古史，顿开新境，此正今日史家应任之工作。只缘近数十年中时局过于动荡，中青年又无暇读古书，因此放弃了许多好材料。足下年龄似在四十左右（?），独能旁搜

① 《汪宁生集》第四卷，539~540页。

远绍，成此绝业，他日成就何可量耶！羡甚，喜甚！

日前又承惠我以《武王伐纣前歌后舞新解》一篇，读之心为开朗。惟念《牧誓》所以有“不愆于四伐、五伐”之语，似由《大武》之舞而来，否则当干戈交接之际，似未能有此从容整齐之步伐。惟其因有此言，故来汉人巴渝舞之说。我病乍愈，尚未能作从容之讨论，先作此短札，以慰远望。他日体气稍愈，更当奉答也。

匆此，即祝

著祺！

顾颉刚。一九七八、五、十五。①

6月12日，顾颉刚来信，谈铜鼓问题。

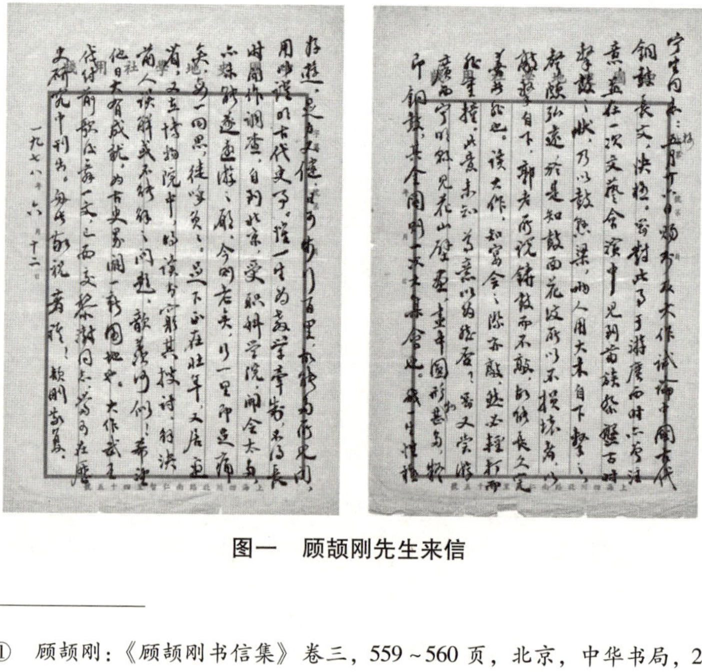

图一　顾颉刚先生来信

① 顾颉刚：《顾颉刚书信集》卷三，559~560页，北京，中华书局，2011。

宁生同志：

接五月廿六日赐书及大作《试论中国古代铜鼓》长文，快极。刚对此事于游广西时亦曾注意，并在一次文艺会演中见到苗族祭盘古时击鼓之状，乃以鼓悬梁，两人用大木自下击之，声颇弘远，于是知鼓面花纹所以不损坏者，以敲击自下。郭老所说铸鼓而不敲，故能长久完善者，非也。读大作，知宴会之际亦敲。然必轻打而非重撞，此意未知尊意以为然否？刚又尝游广西宁明县，见花山壁画，画中圆形物甚多，疑即铜鼓，其全图则一次大聚会也。我一生性极好游，足力又健，日可步行百里，故能多所见闻，用以证明古代史事。惟一生为教学牵掣，不得长时间作调查，自到北京，受职科学院，开会太多，亦未能遂远游之愿。今则老矣，行一里即足痛矣，每一回思，徒呼负负。足下正在壮年，又居边省，又在博物院中，得读书穷其搜讨，解决前人误解或不能解之问题，歆羡何似！希望他日大有成就，为古史界辟一新园地也。大作《武王伐纣前歌后舞》一文，已面交黎澍同志，当可在《历史研究》中刊出。

匆此敬祝

著祺！

颉刚敬覆。一九七八、六、十二。①

是年，继续与顾颉刚先生通信，为顾先生引为知己。

《顾颉刚日记》1978 年 6 月 25 日：

得闻在宥信，告汪宁生为南京人，北大毕业历史系，

---

① 《顾颉刚书信集》卷三，560 页。

现年四十七岁。毕业后分发北京民族学院，参加历史社会调查到云南，遂被留于昆明历史研究所，嗣又转至云南博物馆。渠服膺《史林杂识》，来书言“最感兴趣的是以民族学的材料解释考古学和古代史上一些问题”。此我想不到的一个知己，将来必可恢扩此一门径。①

《顾颉刚日记》1978 年 6 月 28 日：

得云南博物馆汪宁生、成都新华社喻权域两君信，对《史林杂识》皆极推挹，且谓受启发极多，予不期得此中年同调，可喜也。②

《年谱》：“7 月，第二次调查沧源崖画。”

《云南沧源崖画的发现与研究》：

1978 年 7 月，根据临沧地区文教局提供的线索，我们在和平大队调查了两个地点（第七地点和第八地点）。参加这次调查者除作者外，还有县委宣传部王敬骝先生及临沧地区文教局李腾龙先生。云南省博物馆的徐康宁先生也随同调查。第八地点图形很少。第七地点有些新的内容，如五人圆圈舞及斗象等，均为以前诸点所未见。③

《西南访古卅五年》1978 年 7 月 28 日：

县派车送至和平大队，当即去第七地点。图形分散，以太阳人形及五人圆圈舞最为精彩，为过去所未见。

次日去第八地点，仅有人形一排，极为简单。④

---

① 顾颉刚：《顾颉刚日记》第十一卷，564 页，北京，中华书局，2011。

② 《顾颉刚日记》第十一卷，565 页。

③ 《汪宁生集》第二卷，9 页。

④ 《汪宁生集》第四卷，121 页。

《西南访古卅五年》1978 年 7 月 29 日：

去第六地点辨认图形，核对过去绘图，思考问题，不断有新的认识。牛颈牛鼻均有绳索相连，并非如过去自己所说牛不穿鼻；应是被人强拉之牛或为头牛，佤族告知，现在召集牛群仍靠找头牛（“牛也有队长”）；人前两牛角或为占卜，很多民族有此俗；妇女形象两腿间留三角形，或代表女阴；头上插羽外，臂上之毛或代表“羽衣”，均属仪式装饰。①

8 月 5 日，顾颉刚为先生写字一幅。② 录《荀子 · 劝学篇》曰：“吾尝跂而望矣，不如登高之博见也。登高而招，臂非加长也，而见者远；顺风而呼，声非加疾也，而闻者彰。假舆马者，非利足也，而致千里；假舟楫者，非能水也，而绝江河。君子生非异也，善假于物也。”

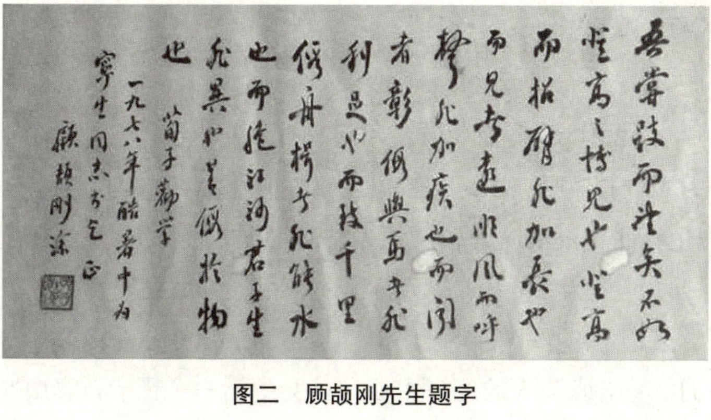

图二　顾颉刚先生题字

① 《汪宁生集》第四卷，121 ~ 122 页。
② 《顾颉刚日记》第十一卷，579 页。

《年谱》:“9 月，母已久患肺心病弃世，享年仅七十有二。平素对父母很少关心照顾，以致父母一生困苦，又未能安享晚年，抱恨终身。”

是年，《试论中国古代铜鼓》发表于《考古学报》(1978 年第 2 期)。

《顾颉刚日记》1978 年 6 月 4 日：

看汪宁生《试论中国古代铜鼓》一文讫。①

王东昕《忆当代著名民族考古学家、文化人类学家汪宁生(1930.5 ~2014.2)》:

1978 年，“试论中国古代铜鼓”一文发表于当年《考古学报》2 期，不仅回答了铜鼓源于木鼓的问题，而且确定了铜鼓最早起源于中国云南省、广西壮族自治区西部和贵州省西部，其对铜鼓类型所作的“六分法”以及有关铜鼓发展演变问题的推论，在今日之铜鼓研究中仍有重大影响。

1979 年　己未，50 岁

1 月 11 日，著名文字学家唐兰在北京病逝，享年 79 岁。

先生在北大读书时，曾听唐兰先生授课，颇受教益。先生晚年写有《听唐兰先生讲授古文字学》一文，身后由家属整理，发表于《民族学报》(第十一辑)。

1 月，《“滇”人的经济生活和社会生活——晋宁石寨山文物研究之一》修改定稿。②

① 《顾颉刚日记》第十一卷，557 页。

② 《汪宁生集》第二卷，444 页。

4月6日—12日，赴西安参加中国考古学会成立大会暨第一次年会，提交《试论石寨山文化》论文。

5月7日，至北京三里河拜访著名史学家顾颉刚先生。

《顾颉刚日记》1979年5月7日：

汪宁生来，长谈，送之出。看《云南各族古代史略》。

……

宁生到西安开考古学会，思泊、锡永俱至，因同游敦煌。昨来京，住崇文门外旅馆，谓可住一旬，当再来。出所编《云南各族古代史略》见赠，觥觥巨著，可羡也。①

《多所见闻 以证古史——记顾颉刚先生对我的启迪和帮助》：

1979年春天我去北京办事，便在一个下午去三里河看望顾先生，受到他和顾师母的热情接待。他老人家当时虽年过八旬，身体清健，尤为难得的是思想仍很活跃，思路清楚。那天，他兴奋地谈了很多往事，谈民国初年他初到北京的情况，谈北大的轶事，谈他在厦门大学的生活，谈鲁迅，最后就以充满感情的词句回忆起美丽的昆明来。他告诉我抗战期间他在昆明曾住在一个僻静清幽的农村里，当时生活是那么艰苦，却做了不少工作。

那天，他还领我看了他的藏书室和工作室，谆谆告诫我说："搞东西总是要事先把材料搞全"，"我研究《尚书》，就是先把有关《尚书》的材料（不论是中国人的日本人的）集中在这房里，再动手"。这些话反映了顾先生研究问题所持的严肃和彻底态度。现在每当我写点什么东西，

① 《顾颉刚日记》第十一卷，655页。

想急于求成草草结束时便想起顾先生这番话，督促我重新安下心来。

那天北京天气晴朗，顾先生精神非常之好，谈锋甚健。由于怕他谈话太多，过分疲劳，我不得不告辞。临别时他老人家还说："这几天是北京最好的季节，正是中山公园花开的时候，我真想陪你出去玩玩。"说得顾师母在一旁笑了起来："你走路要人搀扶，还能陪人家出去呢？"①

10 月，调入云南民族学院，任职于云南省民族研究所。

《年谱》："10 月，调入云南民族学院。"

徐杰舜《民族学考古学本是一家——云南民族大学汪宁生教授访谈录》：

汪宁生：我在云南民族调查组待的时间比较长。后来成立了云南省少数民族社会历史研究所，就是历史调查组的基础啊。当时云南省也没有社会历史调查组，广西也是一样，就是调查组留下的。每个省的社会科学研究机构大体上都是原来调查组留下的。后来就改成云南省社会科学院，派生出多少组来，还有一部分就叫做云南民族学院了……办公地点，我们调查组就在现在的民院，现在都撤了，但我们有个红楼，我们的书，我们的文物都留在云南民族学院……云南民院的党委书记也兼研究所的党委书记。和四川不一样，四川是独立的。云南的民族学研究所在名义上挂省，实际上是民族学院领导。

① 《汪宁生集》第一卷，520～521 页。

按：《云南民族大学60年》记载："1979年1月，云南民族研究所正式恢复，由省委宣传部和省民委领导，学校主管，由副院长董子健兼任院长。"① 则先生调入云南省民族研究所，即是调入云南民族学院。

《年谱》："11月，去大凉山调查，继续搜集'羊骨卜'资料。"

11月，《佤族铜鼓》刊载于《中国少数民族专题研究》（第1号），云南民族学院民族研究所民族学考古研究室铅印。

11月，云南民族学院民族研究所民族学考古研究室编《民族考古译丛》第一辑出版，本辑主题为"铜鼓问题"，书首有先生所作"编者的话"，内载先生译作《黑格尔〈东南亚古代金属鼓〉的解说》。

11月16日，云南民族学院成立院学术委员会，先生担任委员。②

11月26日—12月4日，在西昌参加彝族社会历史学术讨论会。此次会议由中国社会科学院科研组织局委托《凉山彝族奴隶社会》编写组组织。会议期间抽空进行民族调查，就研究问题中涉及彝族者（如羊骨卜、打冤家之细节）访问彝族人士或核实，收获颇丰。访问中结识彝族学者岭光电及安学成先生。③

是年，《中国古代的"车船"——〈中国古代造船史料汇考〉之一》发表于《郑州大学学报》（1979年1期），署笔名"林声"；《晋宁石寨山青铜器图像所见古代民族考》发表于《考古学报》（1979年第4期）。

是年，《释臣》发表于《考古》（1979年第3期）。本文参考西

① 《云南民族大学60年（1951—2011）》，82页。

② 云南民族学院院史编写组：《云南民族学院大事记》，181页，昆明，内部资料，1989。

③ 《汪宁生集》第四卷，21页。

双版纳傣族的督耕制度，对“臣”的得名由来提出新解释，认为：“臣字为瞋（睁）字初文，本义为瞋目望视，原指最早降服监视同类的奴隶，后引申为为君主效劳和办事的人。殷周时期臣已有多种含意，但作为监工的臣仍然存在。”

1980 年　庚申，51 岁

2 月，誊清《事物的起源》全部译稿。

5 月，《古代云贵高原上的越人》作为云南省民族研究所《民族史论丛》的一种，油印出版。

6 月，《云南考古》由云南人民出版社出版，顾颉刚先生题签。全书分为五章：第一章《旧石器时代》，第二章《新石器时代》，第三章《春秋—西汉时期》，第四章《东汉—初唐时期》，第五章《南诏—大理国时期》，附录《云南考古重要参考书目》《南诏大理纪年表》《铜鼓分类表》，共 231 页，插图 80 幅，书后附图版 104 页（收录 203 幅云南文物古迹照片、拓片）。

《云南考古》出版以后，受到学术界的广泛重视，多位学者专家发表书评，进行评述和推介。其中最具代表性的是著名考古学家黄展岳以“丰洲”笔名在《考古》1982 年第 2 期发表的《汪宁生〈云南考古〉评介》一文，逐录于下：

> 《云南考古》是一本深入浅出、雅俗共赏的专业性读物。它的出版，不仅为读者了解和研究云南考古提供方便，而且有助于促进各地考古研究的开展。这是值得庆幸的。
>
> 本书的最大特点是用云南考古资料作为自己的论述范围。科学的考古发掘是本书论述的重点，前人的金石著述和传世品也都加以利用。云南古代文化的分布有的跨及邻近省区，因此对有关材料也略加叙述。正如作者在《序言》

中指出的，“本书坚持从材料出发，尽力避免空洞议论。”根据不同时期的考古材料，安排每一章节的内容；既不罗列堆砌，又尽可能与历史问题挂钩。又“每章另有小结，综合这一时期的总的面貌，亦尽量以考古材料来说明”。这是过去的地方志书和只靠古籍编写的地方史所不及的。

作者从云南的历史特点出发，把云南考古分为五个时期，即旧石器时代、新石器时代、春秋—西汉时期、东汉—初唐时期、南诏大理国时期。元明以后，文献增多，考古学作用相对减弱，本书不再论述。这样安排是符合考古实际的。但是，用考古材料写历史，并不是一件简单的事。怎样驾驭材料，每一篇章的详略轻重，都关系到全书的成败。本书作者是很好地解决了这些问题的。例如旧石器时代和新石器时代，文献阙如，考古材料有限，空白和缺环较多，作者还是认真地为读者勾画出云南原始社会的简明轮廓。春秋—西汉时期，大体相当于青铜时代和早期铁器时代，在云南古代史中占有重要地位。这个时期的考古工作最多，发现的遗物最丰富，因此，这一章的构思更显得邃密精深，可视为全书的精华。南诏、大理国是唐宋时代带有独立性的地方政权，有它自己的特点，在全书中也占有一定分量。这些都是应该加以肯定的。

云南的历史开端就富有绚丽的色彩。作者在全书开头的“旧石器时代”一章中，扼要介绍了“拉玛猿”化石的发现，元谋人、丽江人、西畴人和旧石器时代文化遗物的发现。接着指出，云南是探索人类起源的重要地区。在“新石器时代”一章中，作者把云南新石器文化划分为洱海、金沙江中游、滇池、澜沧江上中游、滇东等五个地区，并详细介绍了各自的文化特征。剑川海门口铜石并用时代文化放在本章之末，指出它是洱海新石器文化的延续和发展。在历史进入文明时代的春秋—西汉时期，作者用了五十多页的篇幅为读者描绘了一幅云南中部地区滇人奴隶制社会的长幅卷帙。以楚雄万家坝墓地、祥云大波那铜棺墓和滇池附近的安宁太极山、江川李家山、晋宁石寨山墓地为素材，全面论述了这个社会的发生与发展，阶级结构，农业，手工业，商业，以及有关诸问题。从使用带有鲜明地方特点的生产工具、武器、乐器、生活用具，谈到受中原文化的影响过程。在作了一番材料分析与文献对照之后，作者提出两个与前人看法相左的论点：一个是云南早期铁器问题，作者根据石寨山、李家山的发现，推断是当地制造出来的，一反过去认为是从四川输入的看法；另一个论点是，目前所知的分布在滇东或滇西的青铜文化，都应是定居的“椎髻”民族所遗留；反对“椎髻”的滇人居滇东、“编发”的昆明人居滇西的传统说法。我以为是有见地的。

西汉以后，云南青铜文化中具有民族风格和地方色彩的特有器物全部消失，出土遗物与内地无异。作者通过对昭通、鲁甸“南中大姓”墓的发掘，推断云南到“东汉开始进入发达的铁器时代”。公元八至十三世纪，云南处于南诏、大理国的独立状态。作者根据考古材料，断定南诏蒙氏、大理国段氏统治下的主体民族是乌蛮和白蛮，即今彝族、白族以及其他某些彝族支民族的先民。肯定南诏、大理国统治下的云南社会经济的继续发展，以及他们在历史上所起的作用。这些都为云南历史的研究做出了贡献。

为适应云南考古的特点，本书增设三个附录：一是在各章之后附有注释以外，另将引用的重要论著编成《云南考古重要参考书目》附于书末；二是由于南诏、大理有自己一套年号，参考前人研究成果，编《南诏大理纪年表》，以供查阅；三是编制《铜鼓分类表》，以展示其变化分布的情况。这些都是十分必要的。

当然，我们并不奢求十全十美。一部论著的质量，重要的是看它对所能掌握的材料如何利用，以及利用得怎样作为衡量的准绳的。作者不隐讳自己的不足，他以实事求是的态度告诉读者："云南考古虽然已有不少重要发现，但仍存在不少空白和缺环。例如：云南旧石器时代到新石器时代之间的情况，至今还是一无所知；新石器时代文化在许多地区还是空白点；青铜时代文化的遗址迄今尚无发现；东汉以后的考古工作还做得很少；南诏大理的王陵至今未查清，等等。"作者不是用一些想象之词来掩盖空白和弥补缺环，而是明确提出，寄希望于"有关单位和考古工作者的注意，今后能有计划有目的地解决这些问题"。这种态度是可取的。

本书附插图、图版不少，比较重要的云南古代遗物，都在书中留下了形象，可惜图版大多模糊不清，编排欠齐整，这是本书的一个缺点。

10月20日—26日，首届全国民族学学术讨论会在贵阳举行，先生提交《建立我国自己的民族学体系》论文，阐述构建"中国式的民族学"的构想。

10月，《滇楚关系初探》一文由云南民族学院民族研究所考古研究室印行。

12月25日，顾颉刚先生因脑溢血逝世，享年八十八岁。

12月，《试论石寨山文化》刊载于《中国考古学会第一次年会论文集》。①

是年，先生担任云南省民族研究所副所长。②

是年，《中国古代各种水力机械的发明（上）》发表于《中原文物》（1980年第1期），《中国古代各种水力机械的发明（下）》发表于《中原文物》（1980年第3期），署笔名“林声”；《〈南诏中兴二年画卷〉考释》发表于《中国历史博物馆馆刊》（1980年总第2期）；《古代云南的养马业——云南少数民族科技史学习札记》发表于《思想战线》（1980年第3期）；《我国古代取火方法的研究》发表于《考古与文物》（1980年第4期）。

是年，《云南考古》一书的责任编辑李惠铨发表《灿烂的云南古代文化画卷——〈云南考古〉》（《世界图书》1980年4期），认为：“《云南考古》作者治学态度严谨，亲自到省内一些地区进行实地重新考察，仔细对比研究有关文献资料，并与国内同行切磋。《云南考古》论述简练确到，独具心裁。”同时指出了《云南考古》的不足之处。

李惠铨《灿烂的云南古代文化画卷——〈云南考古〉》节录：

提到不足，是《云南考古》引用的云南及邻近地区考古材料截至1978年底，此后的新材料还待补充。其次，云南少数民族史的研究，有很高的学术价值，但应该把考古材料、文献资料及社会历史调查资料三者有机地结合起来，才能较为完满和准确。《云南考古》的若干部分引用有关的

① 中国考古学会编：《中国考古学会第一次年会论文集》，北京，文物出版社，1980。

② 《云南民族学院大事记》，137页。

文献资料较少，现代积累的云南少数民族社会历史调查材料几乎未加引用，这就使研究古代民族的有些论点不够有力。第三，本书提出的云南考古的分期及其主要标志，以及一些论点（如云南新石器文化的分类等），似还可作进一步的探讨和讨论。第四，本书图录、注释、参考书目、纪年表、分类表等辅助性文字及附录篇幅过大，约占全书的四分之一强，其中有的虽然是必需的，有利于考古和历史专业工作者查找资料，进行更为深入的了解或研究，但略显庞杂，并稍有重复，对正文主要内容有所削弱。

《云南考古》虽略有瑕疵，但它对中国西南古代历史及古代民族研究提供了较为系统而丰富的考古资料，有相当的资料价值。对于希望系统地全面了解云南文物与名胜古迹的中外人士，《云南考古》亦不失为一本图文并茂的很好的读物。

1981 年　辛酉，52 岁

1 月，评定职称为副研究员。①

2 月，《云南沧源崖画》一文由云南省民族研究所考古研究室重印。2 月 23 日，先生写《重印说明》曰："沧源崖画自 1965 年发现以来，曾引起学术界的重视。1978 年我们去沧源调查，又发现两处新的地点。有关材料极为丰富，正式报告尚待编写。兹因沧源崖画与四川悬棺葬崖画，颇有相似之处，今将我过去所写一篇介绍性文字（原载《文物》1966 年 2 期）重新付印，作为一份资料，供大家参考。"这篇《重印说明》证明先生确是《云南沧源崖画》（载《文物》1966 年 2 期）一文的作者。

① 《云南民族学院大事记》，185 页。

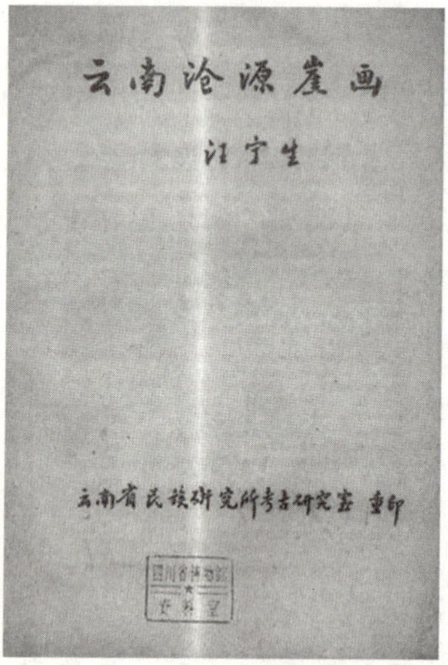

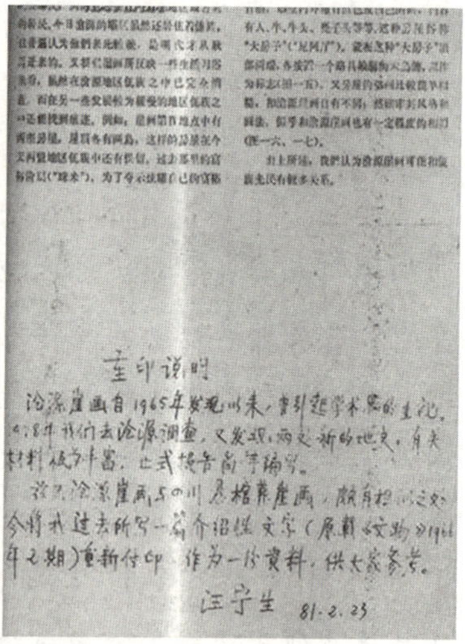

图三 《云南沧源崖画》①

2 月，文物出版社出版《云南青铜器论丛》一书，其中收录先生论文三篇：《“滇”人的经济生活和社会生活——晋宁石寨山文物研究之一》，此文首次发表，署名汪宁生；《试释云南晋宁石寨山出土铜片上的图画文字》，曾发表于《文物》1964 年第 5 期，收入本书时已“据实物重新绘图，并对内容略作补充”，仍署笔名“林声”；《试论中国古代铜鼓》，署名汪宁生。

3 月 10 日—14 日，在四川珙县参加悬棺葬学术讨论会。11 日去洛表参观崖画及悬棺葬。②

3 月 24 日，著名人类学家林耀华来信。

① 照片来源于网络，网址：http：//book. kongfz. com/item_ pic_ 1134_ 156202298/。

② 《汪宁生集》第四卷，37 页；另参见《关于悬棺葬的学术讨论》，载中国民族学研究会编《民族学研究》第四辑，北京，民族出版社，1982。

宁生同志：

宋蜀华同志转来的你的大作“从原始记事到文字发明”，我收到了，很感谢你。你刻苦钻研，多出作品，我是很高兴的，特别是你能把考古学和民族学的研究结合起来，这是极可贵的事情，对学术上一定会有很大的贡献。在日本大阪国立民族学博物馆内，看到你送给他的专著《云南考古》，没有送我一部，你看说得过去吗？

金天明同志率领我所三名研究生来云南作实习调查，请你协助他们，马曜同志处也请你代问候，并请他多多指导我们的研究生为感。

从前你告诉我 *Notes and Queries of Anthropology* 一书在你处，请你转给天明同志带下，我因编写民族学课的教材可作参考，谢谢你。

此致

敬礼

林耀华

1981 年 3 月 24 日[①]

3 月，《建立我国自己的民族学体系》发表于《民族学研究》第一辑。[②] 本文体现了当时先生对中国民族学学科建设的思考，兹逐录于下：

解放以后民族学和其他社会科学一样，取得了很大的

① 《汪宁生集》第四卷，546 页。

② 中国民族学研究会编：《民族学研究》第一辑，北京，民族出版社，1981。

成绩。

但当前工作中存在的问题也很多，主要有下列四个方面：

1. 对民族学的定义、对象和研究范围没有明确的界说。在旧中国，我们没有自己的民族学，大学里讲授的全是从欧美传入的民族学（当时称文化人类学）。解放以后把欧美的民族学统统作为资产阶级的东西开展批判，但是，我们并没有建立自己的体系。我们又照搬了苏联民族学的那一套，而苏联的民族学，即使是四五十年代的著作（如 O. П. 托尔斯托夫、H. H. 切博克萨罗夫等人的著作）中，已经充满了大国沙文主义的气味。他们关于民族学定义、对象的观点和理论，也不能认为是完全正确的。例如民族学应以少数民族为研究对象，还是以所有民族为研究对象？民族学是否还应包括民族史的研究？等等，就是可以讨论的问题。

我们应当在马列主义指导下，从我国实际出发，建立自己的民族学体系。在民族学的定义、研究对象、研究范围和研究方法上，要有自己的理论，既区别于欧美的民族学，又区别于苏联的民族学。民族学如要成为一门独立的学科，它必须和其他兄弟学科（社会学、狭义的历史学）有明确的分工。那种使民族学无所不包的观点，实际上是对民族学自身的否定。

2. 缺乏一套科学的调查方法。过去的调查方法是不够科学的，有的没有一份完整的全面的调查提纲，也没有一份调查工作方法的准则。有时调查人次虽很多，而调查方法是否合乎科学，则很少注意。有些调查者，根本不懂民族语言，也不注意学习。有些调查者走马看花，一天跑一个寨子，对材料不加核实能写出上万字的报告和文章。过去的调查偏重于文字记录，很不注意收集形象化的资料；

除了照相以外，很少利用录音、测量、绘图、手提摄影机拍摄片断镜头等现代化的调查手段。对民族文物搜集得还很不够，而且有些单位搜集民族文物时不作科学的记录，使这些宝贵的实物资料无法显示其价值，也无法充分利用。

应该承认国外民族学不论其观点如何，在调查方法上是比我们先进的，他们很注意学习当地的语言，充分利用现代科学的成就。我们应参考外国民族学调查方法，规定出一套调查方法，要求调查人员严格按照科学方法办事。

3. 已有资料很不全面完整。现有资料中，关于经济基础的较多，关于上层建筑的很少；空泛的一般性的叙述较多，具体生动的事例较少；大家所熟知的有科学价值的民族资料积累较多，而大家所不注意的民族资料（尽管同样有科学价值）却积累甚少。即使积累较多的资料，由于调查工作方法不科学，其中一部分是否可靠也成问题。

民族资料的积累，是民族学的“基本建设”。严格说来，这项工作还远远没有完成。

4. 民族学研究工作和民族工作时常混淆不清。民族学研究工作是应该而且可以为当前民族工作服务的，但研究工作本身和党政部门的民族工作有很大的区别，这一点必须明确下来。回想一下 1958 年以后的民族调查工作吧！一会儿了解民族地区大炼钢铁情况，一会儿调查民族地区大办人民公社的情况，强调所谓“为中心工作服务”，实际上取消民族学自身的调查。民族学作为一门科学，应有自己的任务和规划，应注意具有长远意义和理论意义的事物。它的结论只能从实际情况中来，不能硬套某一时期的“政治口号”，只有坚持这一点，民族学才能对我国民族工作真正起到“参谋”的作用。

为了建立中国民族学体系，我认为做好下列八项工作是必不可少的：

1. 继续进行民族调查工作，通过调查补充上面所说的资料中的缺环和空白，搜集我们还没有的民族文物，拍摄更多的纪录影片。在调查工作的实践中注意方法的改进，建立一套科学的调查方法。

2. 综合历次调查结果，编写出各族详细的调查报告。当前编印《民族调查资料丛书》公布和出版已有的调查资料是必要的，但不能代替经过核实的科学性较强的综合调查报告。

3. 在中央主持下组织各地力量，写出较过去的《简志》详尽、准确、体例统一的多卷本《中国民族志》，并附精美的照片和插图。

4. 经过充分讨论，写出一本《民族学概论》或类似著作，阐述我们自己对民族学的见解。

5. 创办民族学的专门刊物，全国应有一份《民族学报》，专载民族学方面的学术论著或较好的调查报告。各民族地区还可以办地方性的民族学刊物。

6. 整理各地民族文物，在全国办民族学博物馆，作为研究民族学的基地，普及民族学知识，现在的民族文化宫不能代替这样的博物馆。

7. 开展民族学的比较研究。把民族学资料用于考古学和历史学的研究，是行之有效的方法。特别是用我国少数民族材料来解决我国古代史上一些问题，这方面更大有可为，然而迄今还只有少数人在做。今后应有组织有计划地进行这方面的工作。

8. 了解国外民族学的动态，翻译国外民族学各种学派的重要著作。例如泰勒、佛累则、拉布克和海顿诸人的著作，他们和摩尔根同属进化学派，固然可以翻译过来。即使对功能学派、批评学派、传播学派等等的有代表性的著作，也可以翻译出来参考。

为了做好以上工作，必须加强和充实民族学研究机构。在综合性大学和民族学院开办民族学专业，培养人材。所有工作应由中央统一规划并充分发挥各地方的积极性。

要做的工作很多，而人力、物力有限，怎么办？我们不可能“百废俱兴”，而只能分别轻重缓急。我认为当务之急是继续开展调查工作。即从现在起的一两年内，各个民族学研究机构都应在中央统一领导下以民族调查为工作重点。这是当前民族地区的实际情况对我们提出的迫切要求。

少数民族地区这几年各方面变化很大。关于少数民族解放前夕的社会情况，五十、六十年代还很容易调查，而现在已经很难追溯；五十、六十年代搜集民族文物，可以说俯拾即是，而现在只能得到模型或仿制品。有些傣族青年已不知土司为何事，有些独龙族青年对他们父辈还在使用的东西已不知其名称。我们举起双手欢迎兄弟民族社会面貌日新月异的变化，祝愿他们早日赶上先进的行列。但是，集中人力把即将湮没的民族学资料赶快抢救回来，为各民族建立完整的科学档案，则是民族学工作者责无旁贷的任务。现在调查比十五年前或二十年前困难得多，再过几年去调查必将比现在更加困难。由于情况的紧迫，必须采取抢救的方法，而不能按着常规缓慢地行动。

当前民族地区社会情况和存在问题的调查也很重要，但应作为民族学者一项经常的任务，为了不致分散精力，我想不妨明确规定这次调查是抢救性的，就是调查各族解放前夕和解放后各方面的情况。当然即对解放前夕和解放初期的情况，也不必对每个民族都作全面的调查，而只需作专题的调查，看一下已有的资料缺什么补什么。

“这是不是又在宣扬民族落后？”我们很多同志多年来受过不止一次的批判，至今仍心有余悸。殊不知很多少数民族过去在反动统治下，社会发展迟缓，生产生活落后，或还保存一些原始的习俗，这是历史的真实。把这些情况，乘现在还可追溯的时候赶快如实地记录下来，就等于为各兄弟民族写历史。时不待人，稍瞬即逝。我们应抓紧时机，做好这项在政治上和学术上都有意义的工作。

7月23日，著名考古学家张光直来信。

宁生先生：

五、六两月在国内时便听说到尊著《云南考古》，但北京书肆遍寻不获。今天收到香港中大的谢剑先生寄来的印刷品一包，打开一看，赫然是《云南考古》及大著抽印本一册，谢谢！

您历年来已发表的著作我都拜读过，一直是非常钦佩喜爱的。西南是考古与民族学研究的宝库，有您在那里专门研究，真是好极了。

川大的童恩正先生今年在敝校研究，专门搞东南亚考古。他十月便回去，从他那里您也许可以知道一些我们这里的情况。

希望在不久的将来有当面道谢和讨论的机会！

张光直

1981.7.23①

---

① 据原信影印件。

9 月，《中国考古发现中的“大房子”》一文由云南民族学院民族研究所考古研究室印行。

《年谱》：“10—11 月，调查永德县利米人。”

是年，伦敦大学考古研究所华生（W. Watson）教授来函邀请先生前往英国参加中国陶瓷研究会议，由于种种原因，未获批准出国。

是年，《从原始记事到文字发明》发表于《考古学报》（1981 年第 1 期）；《旧石器时代的云南》发表于《民族文化》（1981 年第 1 期）；《云南青铜器丛考》发表于《考古》（1981 年第 2 期）；《释“武王伐纣前歌后舞”》发表于《历史研究》（1981 年第 4 期）；《纳西族源于羌人之新证》发表于《思想战线》（1981 年第 5 期）。

是年，云南省民族研究所创办《民族学报》辑刊，并出版第一辑，由云南民族出版社公开发行。

是年，史云发表《〈云南考古〉读后》（《思想战线》1981 年第 2 期），称《云南考古》“是一本具有学术价值的专著”。

《〈云南考古〉读后》节录：

在全书的论述中，作者以大量的引证和注释介绍了前人的研究成果，力图做到不淹没前人而又超过前人，从而树立了一种良好的著述作风。这种作风是我们在研究工作中应该很好发扬的。事实证明只有不淹没前人才能超过前人，而只有超过前人的东西才是真正有价值的东西。

1982 年　壬戌，53 岁

《年谱》：“1—2 月，继续调查傣族制陶问题。第三次调查沧源崖画。”

《云南沧源崖画的发现与研究》：

1982年2月又进行了第三次调查。参加这次调查者除笔者外还有云南民族学院王均先生、临沧地区文化馆吴学铭先生、沧源县文化馆李学宏先生，昆明师范学院杨奇威同学也前往协助绘图。这次调查除记录近两年所发现的两个新点（第九地点和第十地点），还对以前各点进行复查，核对一些图形，补拍彩色相片，解决编写正式报告中遇到的一些疑难问题。①

《西南访古卅五年》1982年2月8日：

各个地点复查均已完成。新辨出图形数处，如第一地点又发现一组舂米人像；第五地点发现另一树屋；第六地点亦有木栅状物。然亦有过去尚清晰而今已模糊难辨者，事隔20年尚且如此，如何能长期保存！第一地点之第四区被烟熏黑，更属人为破坏。②

2月，《古代云贵高原上的越人》刊载于《百越民族史论集》。③

4月13日，在北京拜访夏鼐先生。

《夏鼐日记》1982年4月13日：

下午在家……晚间，黄展岳同志偕汪宁生同志来谈。④

---

① 《汪宁生集》第二卷，9页。

② 《汪宁生集》第四卷，123页。

③ 百越民族史研究会编：《百越民族史论集》，北京，中国社会科学出版社，1982。

④ 夏鼐：《夏鼐日记》卷九，126页，上海，华东师范大学出版社，2011。

4 月，《佤族铜鼓》发表于《古代铜鼓学术讨论会论文集》。①

7 月，译著《事物的起源》由四川民族出版社出版。在《译者的话》中，先生以生动活泼的语言，介绍了本书的主要内容及其价值。

《事物的起源·译者的话》节录：

此书征引了大量民族志和考古学的材料，探索各种生产活动、日用器具、社会制度和习俗的起源问题，内容涉及远古人类物质文化和精神文化诸多方面。它也可以说是一本简明的远古文化史。此书原来有一个副题，就称为《人类文化史》。

此书不仅对研究民族学、历史学和考古学的人来说，有可供参考之处；从事其他工作的人，若能在百忙之中看它一遍，亦能增长知识，大开眼界。例如，建筑工作者可以了解到最早的房屋是什么样子；机械师们可以了解到早在数万年前原始猎人已知利用各种机械原理来捕捉野兽；一个新闻工作者或通讯工作者，当看到原始人也会巧妙地传递消息或发布新闻，一定会感到惊异；一个教育工作者当看到所谓“野蛮人”教育孩子的方法会有许多可取之处，不能不引起深思。此外，要了解某种农作物开始种植和某种家畜开始驯养的地区，某些金属开始冶炼的时间，道路、桥梁、车辆、船只等的起源，政治、法律、宗教等的早期形态，此书也能为你提供答案，虽然是极为简单的答案。

人们有一种历史的兴趣，对任何事物总爱问一个从何而来，何时开始。朋友们，当你点燃一支烟卷、喝一杯酒、

① 中国古代铜鼓研究会编：《古代铜鼓学术讨论会论文集》，北京，文物出版社，1982。

呷一口茶、观看一场戏剧表演或参加一场体育比赛的时候，你也想知道这些生活中的常见事物是如何起源的吗？这本书的有关章节同样能给你有趣的解答。据作者自称，这本书就是为了满足一般人对各种事物起源问题的兴趣和好奇心而写的（参见“序言”）。①

12 月，《珙县悬棺附近之崖画和沧源崖画》发表于中国民族学研究会编《民族学研究》第四辑。②

是年，《滇楚关系初探》发表于《民族研究》（1982 年第 1 期）；《基诺族的“长房”》发表于《社会科学战线》（1982 年第 3 期）；《记滇西北几个喇嘛寺》刊载于云南省民族研究所编《民族学报》第二辑。

是年，《金马碧鸡之谜》刊载于《活页文史丛刊》（第 133 期）。③文章根据民族调查资料，指出云南金马碧鸡传说实起源于自然的反光现象。

是年，《沧源崖画发现记》发表于《民族文化》（1982 年第 5 期）。文章回顾了第一次调查沧源崖画的过程，澄清了相关误传，兹迻录于下：

沧源崖画是云南少数民族文化艺术遗产中的瑰宝。自 1965 年发现以来，已逐渐引起国内外的重视。

现在把发现崖画的情况回顾一下，不仅可以澄清各种误传，有助于对当地群众进行科学普及工作，同时也许对

① 《汪宁生集》第三卷，457 页。

② 中国民族学研究会编：《民族学研究》第四辑，北京，民族出版社，1982。

③ 淮阴师专编：《活页文史丛刊》第 133 期，1982。

今后其他同志发现新的崖画地点有所帮助。

古代的“画廊”——“帕典姆”

沧源崖画最初可以说是在偶然情况下发现的，是少数民族社会调查工作的“副产品”。

从1964年底开始，我即在沧源进行民族调查。县委派佤族干部李老五同志和我一起工作，并为我担任翻译。1965年春节前后，我们正在糯良、民良、勐乃、曼帕一带了解佤族宗教、婚姻及村寨历史等情况。

一月十七日，老五同志和我走到了曼帕寨（当时民良乡政府所在地），晚上找几个干部和老人座谈。谈到过去佤族、傣族如何过年时，汉族干部老彭同志突然说：“你们知道不知道？这附近有个崖子上画有人像，有时看见，有时看不见，当地群众传说是‘不卓’（佤语，仙人）显灵，过去每逢过年这几天，佤族要去祭鬼的。”在座的其他人也证实并补充说那山崖称为“帕典姆”。

这是我们第一次听到有关崖画的事，当时并未过多的注意，以为可能是人们附会一些自然现象（例如崖石上天然裂纹或苔藓）而兴起的神话传说，这在少数民族地区是常有的事。但决定不妨去实地考察一下，弄个水落石出，因为即使并非人工所绘，既然已形成为崇拜对象，就是一项值得调查和记录的资料。

一月二十日，我们便动身前往。按当地群众指示的方位，从曼帕东行。爬山约半小时，突然见一片垂直的崖壁横亘眼前，走到近处，便见崖壁上布满红色绘成的图形，画风古朴而生动，联想起过去从书本上看过的世界其他地区崖画，乃知这是一处有价值的文物古迹，不禁喜出望外。

这片山崖长约30米，最高的画距地面5米以上，其上分布着大大小小几百个图形，有牛、猴、鸟等动物和有作各种姿态的人物形象。有些画面已模糊难辨，而有些画面仍然鲜红夺目。站在崖壁之下，仿佛置身于伟大的“画廊”之中，其规模之宏大、内容之丰富，给人们留下深刻的印象。

在崖壁前观摩欣赏，太阳逐渐西移，直射崖壁，图形反而模糊起来。于是恍然大悟，当地群众说所谓“仙人”或隐或现，即与阳光照射有关，因有些崖石本身亦呈红色，与崖画之色相去不远，在阳光照射下便难辨别了。这算是我们第一次调查崖画，这里后来便命名为第一地点。

此后数日，我们遍访附近各村寨，询问有关崖画之事。在民良上寨，找到一位94岁的佤族老人，得知他幼时便见过这画，而且当时也不知是何人画的，证实崖画决非近代人随便涂抹。在勐乃，傣族告诉我们：傣族过去也有去“帕典姆”做赕之俗，“帕典姆”即为傣语，“帕”是山崖，“典姆”是画的意思。

二十四日，我们第二次上山，细看各种图形，发现人物形象中有表现叠立、头顶长杆、舞“流星”等场面，颇类似杂技表演，《后汉书·西南夷传》等文献记载说古代这一带有“幻人”，互相印证，再次肯定这是一次有意义的发现，有助于研究滇西各族古代历史和文化艺术。我于是决心集中时间和精力从事这一工作。

经过几天的准备，购置了必要的绘图用具，并买了供野外宿营时的食物。除李老五同志外，乡政府又派来两个民兵——田赛惹和田岩格朴，保护我们安全，我们四人便临时组成一支小小的考察队。二月六日清晨，我们牵黄牛一头，驮着行李、米、盐、咸肉、锣锅等物，向“帕典姆”

进发。

抵达山脚，我们找到一座已经废弃的田房，就在这里布置好宿营地。

我们在这里度过了几天紧张而愉快的生活。赛惹、岩格朴两人聪明能干，用竹子、树枝和藤子，很快就做好一种可以移动的架子，很像安装电灯工人用的人字形梯。这真是一件很有用的装备，遇到高处的画，就可以站在这架子上仔细观察。在我绘图和记录时，李老五同志便负责测量距离和划线，工作余暇，他们则持弩出没于丛林之中。他们都是打猎能手，出外必有所获，甚至夜间仍出去射鸟。这使我们在这几天里每天都有野味佐餐。每当一天工作完毕，大家回到田房，按佤族方式，用猎来的麻鸡、箐鸡或麻雀，采集来的豌豆尖或野菜，和米同煮，做成所谓"鸡烂饭"。

在第一地点前后工作了五天，主要是从事文字记录和绘图，这实际上也就是辨识图形进行初步分析研究的过程。以动物图形来说，今天大家看了拙文再看原画，即知为何物，然开始时为了辨别这些动物的种属，却使我们费尽了心思。例如，崖画中常见一种动物前画一条竖立的直线，经过反覆思索和对照，才知这是表示象的长鼻。

佤族群众在辨识图形方面常给予我们很大的启发。那几天在附近有整治旱地的群众出于好奇常来参观，有些不好理解的图形常因他们几句话得到解决。例如羽人图形我们开始时百思不解，有一天一个小伙子突然说："这怕是头上插的羽毛吧！"遂使我们豁然开朗。

去丁来和曼坎寻找新的地点

群众不仅帮助我们辨识图形，而且还提供了其他地区崖画的线索。他们说，丁来、曼坎等地可能也有同样的“帕典姆”。

第一地点工作结束后，老五同志和我便向丁来进发，寻找新的崖画地点。

丁来寨在曼帕之北。二月十二日清晨，我们由曼帕出发，中午到珙撒寨略为休息，黄昏时分抵达丁来。一问崖画，全村老小皆知，原来就在村东不远处。丁来合作社社长当时便领我们去观看，老五足健先行，突然他大呼道：“一样的！”“一样的！”果见在丁来通往曼坎大道之北侧山崖上有一片红色画面。这样我们便又找到了第二地点。这里画有反映战争胜利掠取牲口而归的村落图，最具特色，这一画面现在已为很多人所熟知。

十五日我们又由丁来到曼坎。曼坎是一个大寨子，当时是曼坎乡政府所在地。当晚就找人座谈，大家都知道在曼坎通往勐省大路旁有一处崖画（即第六地点）。后来通过深入调查了解，又找到三个地点（即第三、四、五地点）。说来有趣，这三个新地点的发现，竟得力于三个放牛的小孩。他们说，放牛时似乎看过某处有画，但记不清楚具体位置，于是请他们带路寻找。虽然走了一些“弯路”，最后终于都找到了。这三个小孩的名字是魏尼惹、赵尼不勒、魏三格特。

这样，我们在曼坎一共找到四个新地点，完全出乎我们原先意料之外。这四个地点都有新的内容，如第四地点的屋顶鸟饰、第五地点的树上干栏和手印、第六地点的“跳丸”，都是以前所不见的。

总之，崖画的真正发现者是当地少数民族的广大群众，任何一处崖画地点，都是他们提供的线索。

假如说我们对沧源崖画的发现做了一些工作的话，那只不过是首次把它们记录下来并报导出去（参见《人民日报》1965年12月8日、《文物》1966年2期），肯定了它们的科学价值，使它们为世人所知而已。

虽然迄今为止，崖画已发现了十个地点，但第一次调查所得六个地点却集中了崖画的重要内容。后来的四个点所有图形加起来还不如第一地点图形众多。原来准备1966年继续调查，并编写报告，但“文化大革命”开始了，一切工作宣告停顿，崖画调查研究工作自难幸免。直到1978年才能重理旧业，继续进行调查工作。1982年，我们才又回到最早发现的第一地点。我站在“帕典姆”高峻的崖壁之下，望着那些熟悉的人物、动物图形，如对故人。想起这十七年的时间转瞬而过，许多该做的工作被延误了，真是感慨系之。

在沧源及其邻近各县，崖画应有广泛的分布。预祝有志于研究崖画的同志，特别是当地少数民族中对崖画工作感兴趣的同志，今后能有更多的发现，共同开拓这个有价值的民族文化新园地。

1983年　癸亥，54岁

1月13日，沧源崖画被云南省人民政府公布为第二批重点文物保护单位。①

1月，《云南简史》由云南人民出版社出版。本书由马曜主编，先生撰写其中第一章《远古和先秦时期的云南》及第二章《秦汉时期的云南》。

① 《沧源佤族自治县志》，27页。

陈友康《马曜对云南学术的贡献》：

《云南简史》是在前书（《云南各族古代史略》）基础上写成的，简明翔实，史学思想则与时俱进，扬弃了偏颇的观念，叙述和评论史事更为公允和稳妥，学术性与通俗性结合。在国内地方史著作中属于上乘之作。1984 年，获中国历史学会、中国出版工作者协会评选的全国爱国主义优秀通俗读物奖。这是建国 30 年来云南社会科学著作第一次获得全国性奖励。①

1 月 10 日，著名考古学家夏鼐来信，谈《事物的起源》翻译问题。

宁生同志：

尊译《事物的起源》已由黄展岳同志转来。承蒙赐赠，谢谢！

这书我所也藏有一册，石兴邦同志读后也说很好。我们都认为有一译的价值。后来看到李毅夫同志在《民族问题译丛》上的译文，很是高兴。但是，不知怎样，只发表了两章便中止了，当时颇为惋惜。您居然能把全书译出，以嘉惠不懂英文的读者，真是功德无量。

此书文笔生动，不好翻译。有些地方采取意译法，亦是不得已的办法。不过这些地方有时煞费苦心，而仍难处理妥善。例如第一章标题 *Of Home and Hearth and Pots and Pans*，译成《家和家具》似嫌平淡，亦不合原意，pots and pans 为英文成语，似可意译为“瓶瓶罐罐”，全题为“住宅、炉灶和瓶瓶罐罐”，似较有风趣。不知尊意以为如何？

① 《先生之风》，77 页。

实则 hearth 即有家庭之意，home 亦然，妙语双关，不好翻译。

利用民族学材料以研究考古学上问题为一很有前途的途径。曾阅过几篇大作，很是钦佩。尚望继续努力，多写一些以嘉惠学林。专此敬伸谢忱，顺祝研安！

夏鼐

83 年 1 月 10 日①

2 月 10 日，夏鼐来信。

宁生同志：

二月八日来信已收到。像 Lips 这类常使用俏皮话的书，确难翻译得尽善尽美。你这本译文，已够卖力气了。我平生所看到中国学者翻译英文的书，当首推赵元任先生的《阿丽丝漫游奇境记》，然能如赵先生之文才和学识，中国近代有几人？

近来忙于他事，你这译本我只翻阅几页，便被人借去，近始还给我。将来阅读时如有问题，当再向你请教。先此作覆，以免久盼回信。专此顺祝

春节愉快！

夏鼐

八三年二月十日②

① 据原信影印件。

② 据原信影印件。

6月，《永胜彝族他鲁人的原始婚姻形态》刊载于《西南民族研究》。①

7月21日—28日，中国西南民族学会藏族学术讨论会在拉萨举行，先生与会，并提交《从文物考古材料看滇藏关系》论文。

《年谱》："9月，获美国卢斯基金会（Luce Foundation）之奖学金赴美访问，为期一年。任宾夕法尼亚大学客座研究员。"

9月7日，乘泛美公司航班离京赴美，第一次走出国门，赴宾夕法尼亚大学人类学系进行访学。此次访美得力于田汝康先生的推荐。②

10月24日，旅美华裔学者、中国古文字学家周鸿翔来信，称《从原始记事到文字发明》一文"于文字学研究方面贡献殊大"。③

10月下旬，出席在宾夕法尼亚大学召开的"大西洋中部亚洲研究会"（MAR/AAS）第十二届会议，参加"亚洲之民族关系与政权"小组。④

10月，张光直教授来电话，邀请先生去哈佛演讲。

11月1日，接到宾夕法尼亚大学人类学系聘书，赠予先生本年度该系"资深研究员"荣誉称号。

《始信昆仑别有山》1983年11月3日：

今人类学系系主任正式举行午餐会，欢迎余之到来，介绍与系馆同行见面。1日曾接到聘书，聘余为本年度该系"资深研究员"，但谓"此乃出于您卓越学术地位，而不具

① 中国西南民族研究学会编：《西南民族研究》，成都，四川民族出版社，1983。

② 《汪宁生集》第四卷，323、326页。

③ 《汪宁生集》第四卷，558页。

④ 《汪宁生集》第四卷，328页。

有终身职位之意义”，即仅为荣誉性称号也……他们再次言明，我在此一年没有任何义务，可以利用系馆文物和图书资料，只做自己研究工作。①

11月18日，去波士顿城内参观，访问波士顿美术馆，始识杜正胜先生。②

11月21日，在哈佛大学作《利用民族志资料研究中国古史》（*Using the Assistance of Ethnographic Material to Study Ancient China*）演讲。在演讲中，先生将自己多年摸索的民族考古学研究方法总结为三个程序，即“提出问题或对旧说进行否定，通过民族志材料进行类比以建立假说，从考古材料本身寻求证据以验证假说”。③

《始信昆仑别有山》1983年11月21日：

今日正式演讲，题为《利用民族志资料研究中国古史》，由研究中国思想史提倡新儒学之杜维明教授主持，听众约20人。除张（光直）、俞（伟超）、杜（正胜）及研究生外，尚有史学前辈在哈佛任教多年的杨联陞先生。虽来美两月，英语小有进步，长篇演讲仍力所未及，由白海思任翻译，惭愧之至。④

12月，《改火的由来》刊载于《中国古代史论丛》总第八辑。⑤

① 《汪宁生集》第四卷，329～330页。

② 《汪宁生集》第四卷，331页。

③ 《汪宁生集》第一卷，10页。

④ 《汪宁生集》第四卷，331页。

⑤ 《中国古代史论丛》编委会：《中国古代史论丛》总第八辑，福州，福建人民出版社，1983。

是年，《中国考古发现中的“大房子”》发表于《考古学报》（1983 年第 3 期）。

是年，《云南沧源崖画调查续记》发表于《文物》（1983 年第 3 期），署笔名“林声”。本文为 1978 年第二次调查沧源崖画的报告。

是年，《读书》（1983 年第 9 期）刊载祁庆富《引人入胜的文化人类学著作——评〈事物的起源〉中译本》，指出：“一本妙趣横生的文化人类学著作，译成中文，弄不好就会变得晦涩难读，或索然无味，汪宁生同志的译文，笔触流畅，生动活泼，保持了原作的风趣。译者还在中译本中增加了大量注释，或纠正原书的谬误，或对某一特殊的习俗、事物及地名、人名加以解释。从中可以见出译者深厚的功底。”并认为《事物的起源》的翻译出版，填补了我国民族学与文化人类学研究中的一个缺环。

是年，《民族学报》出版第三辑，随后因人事变动而停刊。

1984 年　甲子，55 岁

1 月，《云南少数民族的原始取火方法》刊载于《人类学研究》。①

3 月 22 日—25 日，在华盛顿参加美国亚洲年会（AAS）第 36 届年会，结识夏威夷大学研究东南亚考古之苏恒翰（W. G. Solheim Ⅱ）、研究东南亚语言之霍洛（Stephen O' Harrow）及挪威奥斯陆大学之勃克曼（Harald Lars Bøckman）等学者。②

4 月 24 日下午，在斯坦福大学做报告，讲授利用民族志资料研究中国古史的方法与经验。

4 月 25 日，在伯克利加州大学中国研究中心演讲，就利用民族

---

① 中国人类学学会编：《人类学研究》，北京，中国社会科学出版社，1984。

② 《汪宁生集》第四卷，340 页。

志资料研究中国古史问题进行交流。

《始信昆仑别有山》1984 年 4 月 25 日：

今由斯坦福乘校间交通车抵伯克利加州大学，旋即在中国研究中心演讲，由吉德炜（D. N. Keightley）教授主持。吉氏受教于哥仑比亚大学，专门研究甲骨史，是西方学界公认的这方面专家。他主编的《早期中国》（*Early China*），专门发表中国古代史及考古新发现的文章。①

4 月 27 日，在加州大学洛杉矶分校演讲，仍以“利用民族志资料研究中国古史”为主题与西方学界交流。②

《年谱》：“5 月，应澳中理事会之邀由美赴澳大利亚访问三周，在阿德雷得召开之澳大利亚洲研究会议（ASAA）上宣读《云南崖画》论文，又在墨尔本 La Trobe 大学作同样题目演讲。全文旋在澳洲 Rock Art Research 及美国 Expedition 杂志同时发表，是为中国崖画第一篇英文论文。”

5 月 8 日—12 日，在堪培拉参加“9—14 世纪东南亚历史讨论会”。

5 月 15 日，在阿德莱德大学作题为 *Rock Paintings in Yunnan, China——Some New Light on Shan Kingdom* 之演讲，向国际学术界介绍云南沧源崖画。

《始信昆仑别有山》1984 年 5 月 15 日：

连日紧张准备，今日下午终于在大学 Napier 大楼 G01

① 《汪宁生集》第四卷，344 页。
② 《汪宁生集》第四卷，345 页。

室作生平第一次英文演讲，题为《古掸王国的新曙光——云南沧源崖画的介绍》，来听者数十人。自觉英文说得太不像样，会后有人认为内容新颖，说明已被听懂。大会分为若干组（session），我属“南亚和东南亚”组，由王赓武先生主持。①

5月23日，在拉特罗布（La Trobe）大学作演讲，再次介绍云南沧源崖画。

《始信昆仑别有山》1984年5月24日：

昨拜访拉特罗布大学，此间有研究史前史及考古学的机构。再次报告沧源崖画之发现，参加者本校教师，还有校外来的学者。②

5月25日中午，在夏威夷大学演讲，放幻灯介绍沧源崖画。下午应东西中心之约，与环境保护及政策研究所学者座谈。

《始信昆仑别有山》1984年5月25日：

昨由墨尔本飞此。霍洛博士来接，住夏威夷大学之“林肯大楼”……

今晨访问校内毕晓普博物馆。人类学部主任乃一日本人，人甚倨傲。话不投机半句多，立即参观。该馆展出太平洋地区民族文物却颇丰富，予我极佳印象。中午在“穆尔厅”作演讲，放幻灯介绍崖画，约20人参加，民族语言

---

① 《汪宁生集》第四卷，418~419页。

② 《汪宁生集》第四卷，422页。

学前辈李方桂先生亦来听讲。上前略道仰慕之意，未及深谈。①

6月8日，参观耶鲁大学校内皮博迪博物馆（Peabody Museum），访问大学HRAF（人类关系区域档案）研究所。并按预定日程访问余英时先生。②

6月19日，澳大利亚崖壁艺术研究协会（AURA）贝德纳利克（R. G. Bednarik）博士来信，请将先生在墨尔本拉特罗布（La Trobe）大学演讲沧源崖画的论文在《崖壁艺术研究》（*Rock Art Research*）上发表。

敬爱的汪宁生教授：

1984年5月24日曾在墨尔本La Trobe大学参加你的演讲会。我表达我们强烈的愿望：将你的文章《掸王国的新发现——中国云南崖画的介绍》，刊在我们杂志《崖壁艺术研究》上。我们相信我们读者对你的论文深感兴趣，他们应该读到它。

我们的杂志是世界性的，大约在30个国家传布。我们可将你的论文包括在1984年11月出版那一期上。故你如能尽快回复，我将深为感激。论文可以不加改动地刊出，但我们要求注明图片的来源。

假如此文已为他处看中，这也不妨碍你的论文在澳大利亚刊用。假如有这样的情况，一篇令人兴奋的文章在两个刊物上发表是可以的。它能保证你的工作尽可能广泛地

① 《汪宁生集》第四卷，347页。

② 《汪宁生集》第四卷，349～350页。

传布。

一份 1984 年 5 月号的杂志寄上，供你参考。假如能使你的同行对这份杂志和我们的国际性学会加以关注，我们将不胜感激。

我们期盼你的答复。

R. G. Bednarik

1984－6－19①

6 月 25 日，张光直先生来信。

宁生先生：

谢谢六月十日来信，今（廿五）才收到，欣闻去澳大利亚一行及沿途访问已告顺利结束，收获必丰，代为高兴之至。

文物出版社事从未直接联洽过，过去是由俞伟超兄提出及转达的，因为我有《中国青铜时代》一书已由三联出版，所以文物出版社事目前集中在拙作《中国古代考古学》修订版中文版事，因这版尚未动手，所以一时无卷可交也，谢谢。

先生代询，以后有消息再与叶先生联络如何？

明年暑假开会事积极进行之中，成功成分颇大。一有确息自即奉闻，匆此即颂

暑安

弟　张光直顿首

一九八四，六，廿五②

① 《汪宁生集》第四卷，568 页。

② 据原信影印件。

《年谱》："9月，由美赴德，任海德堡大学东方艺术史系访问教授半年，为研究生讲授《云南青铜器》课程。授课之暇先后赴英、法、瑞士、南斯拉夫、希腊、埃及等国，访问有关大学及博物馆。每周末大学组织外籍教师及学生外出游览，又得遍访西德各大城市及东西柏林。"

9月8日，抵海德堡，与海德堡大学东方艺术史系同事见面。

《始信昆仑别有山》1984年9月8日：

> 这半年将和大学两个研究所（系）发生关系。一为麦德玲所在之南亚研究所，位于海德堡之新区，为我准备办公室，平常与学者讨论交流，作公开演讲1—2次。另一为东方艺术研究所，将为博士生开设《中国南方青铜器》课程。①

9月，《滇楚关系初探》刊载于《藏族学术讨论会论文集》。②

12月5日，在海德堡大学为南亚研究所舒尔茨（F. Scholtz）博士学生讲"傣族制陶"，并放幻灯。③

是年，《多所见闻 以证古史——记顾颉刚先生对我的启迪和帮助》发表于《社会科学战线》（1984年第3期）。文章略云：

> "多所见闻，用以证明古代史事"。顾先生来信中这两句话，提示出一种研究历史的方法。顾先生一生治学，学术活动是多方面的，涉及历史学、古地理学、俗文学很多

---

① 《汪宁生集》第四卷，220页。

② 中国西南民族研究学会《藏族学术讨论会论文集》编辑组编：《藏族学术讨论会论文集》，拉萨，西藏人民出版社，1984。

③ 《汪宁生集》第四卷，237页。

领域，留下的遗产十分丰富，在治学方法上有许多东西值得我们去学习和借鉴。多所见闻，以证古史，当然只算是他治学方法的一个方面。而由于职业的关系，在这一方面我的感受较多。

研究中国古史上任何一个问题，有关史料总是屈指可数，假如一味死守祖传家法，拘泥前人注疏，则有些问题可能永无解决之日。而如能迈步走出书斋，到边境少数民族地区看一看，或到内地偏僻地区看一看，即使是走马观花，往往会有意想不到的收获。

当然，我们要能真正做到出门有获，首先仍必须像顾先生一样，要对中国古籍作一番研究，有深入的了解，头脑中经常蓄有若干问题。这样下去后才能随时发现有用材料，而不致“入宝山而空回”；也只有这样，才能恰如其分地运用这些材料，而不致穿凿附会。因此，顾先生来信一再提到研究古代史的人要“读书”、“读古书”，这是他自己经验之谈。而在熟读古书方面，我们这一代人比起顾先生和其他史学前辈来，相差太远，这也是值得我们注意的。

顾先生享年八十有七，可谓长寿。他一生从事整理研究中国古史的工作。由于自然的规律，现在他不能再作下去了。而中国古史上存在问题尚多，有待我们这一代及下代人来继续解决。

写到这里，我不禁抬起头来仰望顾先生为我写的《荀子·劝学》那一段著名的话：“吾尝跂而望矣，不如登高之博见也……君子生非异也，善假于物也”。顾先生写这段话是寓有深意的，他希望我们研究任何学问要注意方法。只要能找到正确治学方法，大家都可做出成绩来。多所见闻，以证古史，可说是研究历史一条新的方法，这是顾先生首先提倡和力行的。让我们大家都来学习顾先生这种方法，一边读书，一边调查，共同为中国古史的研究工作开拓一个“新园地”。①

是年，先生研究云南崖画的论文在澳大利亚《崖壁艺术研究》上发表（*An Introduction to Rock Paintings in Yunnan*，*China*. *Rock Art Research*，*Vol.* 1，No. 2：75 – 90，1984），是为中国崖画研究第一篇在国际上发表的英文论文。

是年，《中国考古发现中的“大房子”》发表于《史学情报》（1984 年第 1 期）。

1985 年　乙丑，56 岁

1 月 30 日，在海德堡大学作“云南崖画”之演讲。

《始信昆仑别有山》1985 年 1 月 27 日：

日前南亚所及负责人教授耶特马特（K. Jettmart）在家宴请。教授在国际上颇负盛名，对印度、巴基斯坦等地崖画艺术亦颇有研究。②

《始信昆仑别有山》1985 年 1 月 30 日：

今在 K. 耶特马特教授主持下作正式演讲，题为《云南崖画》……演讲毕提问，谈起年代问题，耶特马特竟然说“你们中国人总喜欢把什么事情推到汉代”云云。安杰拉立即代我作出尖锐之回答。不从论据出发讨论问题，不了解

① 《汪宁生集》第一卷，521 ~ 522 页。

② 《汪宁生集》第四卷，242 页。

崖画具体情况，如此身份作如此发言，出乎意外。①

《年谱》："2 月，在港期间应邀访问香港中文大学及香港大学，在香港大学作公开演讲。"

2 月 14 日，在香港中文大学作"中国考古概况"演讲。

《始信昆仑别有山》1985 年 2 月 14 日：

昨日由伦敦飞港，萧国健先生及青年朋友沈恩先生来接。萧先生现为珠海大学副教授，为罗香林教授高足，专治香港史，经杨耀林兄介绍通信而相识。

此次来港乃应香港人类学会邀请，返回途中顺道访问。香港人类学会代表团一行数人曾于 1981 年访滇，由我接待，后授我该会荣誉会员之称号。

今去香港中文大学为谢剑兄之学生讲"中国考古概况"，并访问中国文化研究所。所长郑德坤教授，中国考古界之前辈，在剑桥教书多年。该所图书馆取出拙著，要求签字留念。②

2 月 15 日，在香港大学作"沧源崖画"演讲。

《始信昆仑别有山》1985 年 2 月 15 日：

由香港人类学会诸君带往香港大学演讲，题为《沧源崖画》，听众二十余人，由该校明史专家赵令扬教授主持，著名经济学家陈坤耀教授与会。时学颜教授对崖画颇感兴

---

① 《汪宁生集》第四卷，242 页。

② 《汪宁生集》第四卷，502 页。

趣，提的问题最多，现任港大艺术系主任。演讲要求用英语，谓为香港大学传统，而昨日在中文大学用汉语讲课，全无限制。①

3月，《云南沧源崖画的发现与研究》由文物出版社出版，“是为中国崖壁艺术第一本专著”。② 全书凡七章：第一章《绪论》，第二章《一般特征》，第三章《崖画地点》，第四章《内容和题材》，第五章《作画目的和社会作用》，第六章《年代与分期》，第七章《人类学的考察》。后记中介绍了国外研究崖画的方法。本书文字130页，插图117幅，彩色图版8幅，黑白图版16幅。附录《昆明有色金属研究所光谱分析报告》及英文提要。

王仁湘《〈云南沧源崖画的发现与研究〉评介》：③

这是我国第一本介绍和研究岩画的专门著作。作者主要就云南沧源崖画的发现经过和各个崖画地点的情况作了详细介绍，并以较大篇幅对这批崖画的内容和题材、作画目的及社会作用进行了充分研究，而且对崖画的年代与分期以及崖画作者族属问题提出了自己的推论。

作者从1965年第一次发现沧源崖画起，曾三次亲临现场进行了艰苦的调查，前后延续时间达十七年之久。这是作者进行民族调查时的意外收获，前后一共找到了十个崖画地点，获得了大批珍贵的资料。由于沧源崖画是用以赤铁矿为主要成份的颜料绘成，年深日久，崖面风化和雨水

① 《汪宁生集》第四卷，502页。

② 《汪宁生自订年谱》，见《民族学报》（第十一辑），414页。

③ 载《考古》，1987（4）。

浸蚀使得画面多有漫漶残缺，保存情况不是太好。十个地点所见的图形以个体论有近八百之多，可识图形只有十之二三。本书以相当多的篇幅详细公布了这批材料，根据辨识结果，作者将这些图形归纳为人物、器物、房屋、动物、神祇与神话人物、自然物、符号和手印七类。这些图形所组成的画面各种各样，其中最多的是描绘狩猎活动。表现狩猎方式的画面有较多变化，除了弩射，还有长兵刺杀、设栅、围捕等，有的场面十分壮观。崖画所表现的内容还有放牧、聚落、战争、舞蹈、杂技等项，描绘得都比较生动。从崖画内容可以大致复原绘制者的生产和生活图景：人们建造有比较整齐的干栏式建筑，过着定居生活；从事种植和牧畜，还以狩猎补充生活来源；宗教活动在当时非常频繁，很多仪式都要举行表演性的舞蹈。崖画以相当多的画面记录了这一幅幅生动的场景，读来十分引人入胜。

本书作者在考察了崖画所表现的题材之后，对于这批崖画的性质作出了自己的推论。他认为沧源崖画的创作动机并不单一，各种题材的绘制可能具有不同的创作目的，大体可以归纳为宗教性的和原始记事性的两个方面。崖画大量画面都与宗教信仰有关，有的是模拟巫术的产物，有的是祈求丰产仪式的写真，有的则是其它一些重要仪式的描绘。作者认为崖画寄托了当时人们的生活期望和宗教热情，它在社会生活中起着重要的作用，既是人们精神的主要寄托，又是一项重要的文化艺术活动。

关于沧源崖画的年代问题，作者通过崖画内容本身提供的线索，结合考古材料、文献记载及周围地区发现的崖画三个方面进行比较研究，认为其时代上可到汉代，下可到明代，即从公元之初到公元 15 世纪，其主要部分为汉唐之际的作品。对于这延续达一千五百年上下的沧源崖画，作者还尽可能地进行了分期研究，划分出早晚两期。他认为早期的风格是画面比较规整，晚期的则比较粗率。早期崖画是主体，晚期的图形较少。

作者通过人类学方面的考察，对沧源崖画绘制者的族属提出了自己的看法。在当地原主要居住民族为佤族和傣族，他们之中至今还有一些关于崖画的传说，而且还保留有崖画中所反映的若干风习，如头上插羽、双耳戴饰、狩猎用弩、吹牛角号、用牛角杯以及住干栏式房屋等。更重要的是，当地民族的绘画还直接继承了崖画文化传统，其表现技法和内容都与崖画有许多共同之处。作者认为崖画与佤族有较多的关系，与傣族先民也存在不容忽视的关系。

本书作者虽然将沧源崖画的大部分资料通过《文物》杂志（1966、1983）早已公诸于世，然而现在读了他的这部著作，令人仍然觉得相当新鲜，作者对沧源崖画的研究取得了很大成功。作者在资料的整理和对比研究中，发扬了自己严谨的治学作风，所得结论也是可靠的。当然这部著作也还存在一些不足之处，主要表现在作者对某些图形的解释还不一定十分确切。例如崖画上见到的身披翼形饰物的“鸟形人”，作者认为画的是披有羽毛做成的舞装的人，其实这种“鸟形人”都出现在围猎场上，表现的是一种身着伪装的猎人（参见原书图一二、一四、二四、四二、四四、四六、四七、四九）。尤其是在第六地点3区所见更为清楚，一群野牛正从身着伪装的猎人头上走过。还有原书图六一所示，在一圆圈上绘一猎人，也不一定是作者所说的“太阳人”，实际上是表示猎人身在掩体中，正待放矢。另外，有的人头上方绘有动物形图案，这也不一定是作者所说的图腾标志，可能仍是一种猎人的伪装。

岩画的年代是岩画研究者最感棘手的一个问题，尽管如此，作者对沧源崖画年代的判断还是可信的。在这个问题上，本来还可以通过自然科学手段获得一些参考年代数据。像第三地点崖画下部“为崖壁长出的钟乳石所掩盖”(见1966年发表的简报)，作者以为钟乳石年代不可测定，所以无法以此断定崖画的年代（原书37页注①)。事实上，石笋、钟乳石、钙华板等化学沉积物的年代完全可以用C^{14}方法测定，这类标本含碳量相当高，测出的年代大约只偏老一二千年（中国社会科学院考古研究所:《中国考古学中碳十四年代数据集》，246页，文物出版社，1983年)，此前国内业已发表过一批测定数据。沧源崖画第三地点的钟乳石标本如能采集做一下C^{14}测定，对于解决该地点崖画年代的下限恐怕不会是没有帮助的（测定已做，见附)。

另外，本书在排印上也还有一些值得改进的地方，如有些图版比较模糊（彩版二，2；三，上；四，2)；第3页第10行应为图版一三，错为图版三；还有不少外文脚注词与词之间的距离排得过远，显得不大规范等等，这些都可望在有机会再版时加以修正。

汪宁生同志在本书的“后记”中，还特别介绍了国外研究岩画的方法，他希望有更多的人来继续岩画的研究。的确，我国科学的岩画研究在近年才刚刚起步，一切都在探索之中。同世界上其他许多国家一样，我国也是一个岩画的宝库。我国在黑龙江、内蒙古、宁夏、甘肃、青海、新疆、西藏、四川、云南、贵州、广西、福建和江苏等省区都发现有岩画遗迹，它们明显地区分为南北两个系统。南方如云南沧源所见，主要是用颜料画在崖壁上，这就是汪宁生同志所说的“狭义的”崖画，即是所谓“真正的崖画”（见原书1页注①）。北方则主要是在岩石上敲凿岩面成画。这两种风格的岩壁艺术都可以统称为“岩画”（rock paintings）。我国南北岩画的主要题材也有些区别，一幅幅岩画为我们提供了历史、民族、宗教等多方面的材料，具有十分重要的研究价值。新的岩画地点还需要去寻找，去进行艰苦的探索。汪宁生同志的著作是我国岩画研究的一个良好的开端，作者凭借自己在考古学、民族学和史学方面的深厚功底，把沧源崖画的研究建筑在可靠的科学基础之上，使我国的岩画研究从一开始就走上了一条正确的轨道。我们盼望在我国有更多的这类著作问世。

附：云南沧源崖画年代数据：中国科学院古脊椎动物与古人类研究所利用覆盖崖画的钟乳石进行碳十四测定，年代为距今2200年。雷作淇等通过崖画颜料的孢子花粉分析，认为时代相当于亚北方晚期至亚大西洋期，为距今2500—3500年左右（均见胡雨帆等：《用孢粉化石考证古代崖画》，《化石》1984年2期）。

3月，卸去云南省民族研究所副所长职务。

6月19日，著名考古学家夏鼐在北京病逝，享年76岁。

7月13日，写成《试释几种石器的用途》一文初稿。

是年，郑晓云在《社会科学战线》（1985年第2期）发表《谈基诺族长房的社会性质——与汪宁生同志商榷》一文，针对先生《基诺族的“长房”》中“每一座长房便是一个父系氏族”论点，提出：“在民族学史料中，世界各地长房的形式和内容是有许多不同特点的，但是一个长房就是一个父系氏族的事实尚无先例。因此，基诺族的长房是否是一个氏族的问题，不仅涉及长房的形式和性质问题，也成为原始社会发展史中值得认真研究的特殊历史现象。笔者在一九八二年、八三年及八四年初曾三次对基诺族龙帕寨长房进行了专题调查，调查结果表明：龙帕寨长房的社会性质并非‘一座长房就是一个父系氏族’。”“一座长房不论是经济还是血缘关系中，都不是一个完全独立的群居体，而是介于‘姓’与小家庭间的血缘单位。”

《西南访古卅五年》1985年7月19日：

> 归国后中央民院朋友们相告，《社会科学战线》有人发表论文就“大房子”性质问题专门与我商榷，至今尚未见。凡不把自己调查过的民族看成是本门派或本单位“世袭领地”的人，总是欢迎他人再调查和再研究的。像大房子性质这样的问题也的确需要认真讨论。但听说该文对民族与家族区别即在于前者出自“假定的共同祖先”这点普通常识（看过《古代社会》即知）也要商榷，讨论就无法进行了。①

8月，先生整理姑父杨持白遗稿《〈至正河防记〉今释》，并写一跋，附录于文后。②

9月27日夜，闻宥先生在北京逝世，享年85岁。

按：先生居室客厅壁上悬挂闻宥先生墨宝一幅，其文曰：“处逸乐而欲不放，居贫苦而志不倦。淫读古文，甘闻异言。世书俗说，多所不安，幽处独居，考论实虚。王充《自纪》篇语，宁生同志属

① 《汪宁生集》第四卷，130页。

② 杨持白：《〈至正河防记〉今释》，载《农业考古》，1986（1）。按：先生于跋尾署曰“乙丑年夏七月初吉于昆明莲花池畔之寓卢”，是年农历七月初正当公历8月中旬。

书，闻宥。”此数语可视为汪先生生平志趣及治学之实况，盖先生终生勤奋治学，未尝一日不学，未尝一日不思，发明胜义，砥砺新知，此种精神境界当为士林楷模。惟闻宥先生作书年月不详，姑附识于此。

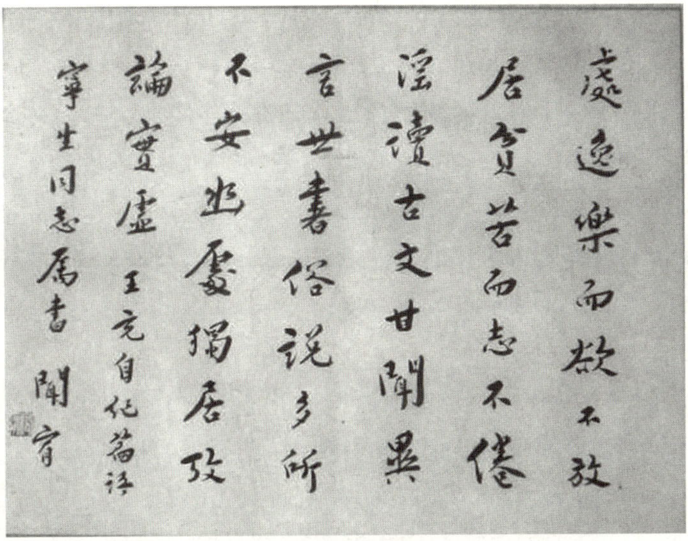

图四　闻宥先生题字

《年谱》：“10 月，去大凉山继续调查‘羊骨卜’，印证古代占卜习俗，颇多发现。”

10 月 23 日，云南民族学院成立学衔委员会，先生任委员。①

11 月 1 日—5 日，首届全国石棺葬文化学术讨论会在四川省渡口市（今攀枝花市）举行，先生在会上发言。会议期间前往云南永

① 《云南民族学院大事记》，182 页。

仁县维的村石棺墓发掘现场考察。①

11月上旬，赴西昌调查彝族羊骨卜问题，访问毕摩曲比索莫及岭光电先生。

《西南访古卅五年》1985年11月6日：

在渡口参加石棺葬学术讨论会后来此（西昌），拟对彝族羊骨卜问题再作深入了解。大凉山可说是人类学研究的宝地，可研究问题甚多，自己原蓄有许多想法，惜大好年华已经逝去，现已无精力作新的调查。且凉山地区已大有变化，固有社会形态及文化已成陈迹，很难追溯，仅有羊骨卜问题算是为中国考古学做了一点好事，但有些问题还不清楚，还要继续深入。②

是年，《试论不对称形铜钺》发表于《考古》（1985年第5期）。

是年，先生研究云南崖画的论文在美国《探险》杂志上发表（*Rock Paintings in Yunnan, China——Some New Light on Shan Kingdom. Expedition*, Vol. 27, No. 1: 26-33, 1985）。

1986年　丙寅，57岁

1月4日，德国考古研究院办公室主任、中国考古研究项目负责人韦沙彬（Sabine Werner）来信，称Müller-karpe教授很欣赏《考古》1985年第5期发表的《试论不对称形铜钺》一文。③

---

① 木基元：《插柳之恩终难忘——缅怀汪宁生先生》，载《云南文史》，2014（2）。

② 《汪宁生集》第四卷，26页。

③ 《汪宁生集》第四卷，564页。

3月15日，著名先秦史专家王玉哲来信，谓“得悉你从欧美访学归来，足证你的学术水平，早为国内外人士所熟知”。①

《年谱》：“6月，赴美参加‘古代中国及社会科学一般法则’会议（中美双方各派正式代表十人），宣读《仰韶文化葬俗和社会组织的研究》论文，是为中国首先反对单线进化论之作。后英文本刊于*Early China*，中文本刊于《文物》。”

《始信昆仑别有山》1986年6月22日：

这次会议由张光直、吉德炜等教授发起，王安研究所资助，美中学术交流委员会出面组织。中方正式代表10人：杨向奎、田昌武、李学勤、黄展岳、郑光、严文明、汪宁生、童恩正、林沄、张忠培，林甘泉（团长）。②

6月23日，在华盛顿艾尔琳农庄“古代中国及社会科学一般法则”会议上宣读《仰韶文化葬俗和社会组织的研究》论文。

《始信昆仑别有山》1986年6月24日：

昨上午第一个宣读论文《仰韶文化葬俗和社会组织之研究》，不意此文批评对象此次与会。讨论时中方代表无人表示支持，尚有两人大谈马克思主义。前两年大反精神污染，人人心有余悸，情有可原也。③

7月13日，德国海德堡大学雷德侯（Lothar Ledderose）教授

---

① 《汪宁生集》第四卷，547页。

② 《汪宁生集》第四卷，363页。

③ 《汪宁生集》第四卷，363～364页。

来信。

《年谱》："8 月，赴英参加在南安普顿召开的‘世界考古大会’第一次会议，宣读英文论文《云南青铜器上所见之古代族群》，后收入 *Archaeological Approaches to Cultural Identity* 一书。"

8 月 2 日，沧源崖画被县政府公布为县级重点文物保护单位。①

8 月 31 日，由北京飞抵英国。

9 月 1 日，在"世界考古大会"第一次会议上宣读论文（*Ancient Ethnic Groups as Represented on Bronzes from Yunnan, China*）。

《始信昆仑别有山》1986 年 9 月 1 日：

> 由北京起飞，在阿联酋萨迦机场略事停留，昨午后飞抵伦敦盖特威克机场，旋乘会议专车来此，住入南安普顿大学宿舍"张伯伦大楼"。忆 1984 年由美抵英正是 8 月 31 日，不觉已整两年矣。
>
> 此行乃为参加世界考古大会第一次大会。中国代表有林耀华、邹衡、安志敏及古脊椎动物古人类研究所吴汝康等数人……
>
> 已会见大会组织者南安普顿大学教授乌克（Peter Ucko）及剑桥大学著名民族考古学家霍德（Inn Hodder）。寒暄之后他们都提到在澳大利亚发表关于崖画的论文。看来，要想工作得到国际承认，成果非用英文发表不可……
>
> 今下午在小组宣读《云南青铜器图像中所见族群》论文并放幻灯，提问题者踊跃。②

① 《沧源佤族自治县志》，29～30 页。

② 《汪宁生集》第四卷，214 页。

《年谱》："9月，应邀赴香港中文大学中国文化研究所访问一周。以《云南近三十年来之考古发现》为题作学术演讲。"

9月29日下午，在香港中文大学中国文化研究所演讲。

《始信昆仑别有山》1986年9月30日：

> 昨下午正式演讲，题为《云南近三十年来之考古发现》，由陈方正所长主持，到会者三十余人，并有记者多人到场。《新晚报》已对演讲作出报导。今晨又应香港电视台之邀在清晨教育节目中以答记者形式与香港广大市民见面。①

10月5日，日本学者池田末利来信，信中说《中国考古发现中的大房子》"该文在民族学、文化人类学的基础上，对中国西南少数民族习俗进行了研究和释读，文中所体现出的广博高远的学识令吾辈敬佩"。②

11月3日，美国吉德炜教授来信，认为《仰韶文化葬俗和社会组织的研究——对仰韶母系社会说及其方法论的商榷》对"古代中国及社会科学一般法则"会议作出重要贡献，并告知将安排此文在*Early China*上发表。

> 亲爱的汪教授：
>
> 收到你10月15号的来信，且知道你很好，我很高兴。
>
> 我已经和《早期中国》的其他编辑商量，我很欣喜地告诉你，我们很乐意在我们的刊物上发表你的文章《仰韶文化葬俗和社会组织的研究——对仰韶母系社会说及其方

① 《汪宁生集》第四卷，503页。

② 《汪宁生集》第四卷，571页。

法论的商榷》。我们希望这篇文章将在《早期中国》1987年的第11期上发表。

我已经修改了第10页的我的翻译，并附上一份修订页面的复印件。如果你有其他任何的修订，请立即寄给我们。我还试着为你文章的两个表格准备了英文版本。如果文章在中国的刊物上发表，你要是寄给我文献细目，以便我能提醒我们的读者，我将不胜感激。

得知你工作进展顺利，我很高兴。你在艾尔琳参加我们的会议，我获益匪浅。我认为你的论文的确对我们的会议作出非常重要的贡献。我很乐意在《早期中国》上发表这篇文章。

一切顺利！

吉德炜

一九八六年十一月三日①

《年谱》："12月，赴黔南、桂西调查。"

12月，《彝族和纳西族的羊骨卜——再论古代甲骨占卜习俗》发表于《文物与考古论集》。②《试论越濮不同源》发表于《中南民族学院学报》（1986年增刊），《〈至正河防记今释〉跋》刊载于《农业考古》（1986年第1期）。

1987年　丁卯，58岁

3月3日，经云南省高校文学、史学、教育学教师高级职务评定

① 原信为英文，中文译本据《汪宁生集》第四卷，561～563页。

② 文物出版社编辑部编：《文物与考古论集》，北京，文物出版社，1986。

委员会审定，先生具有研究员资格。①

《年谱》："3月，赴黔东南调查。"

6月24日，顾洪女士来信，请教"二次葬"问题。

6月，云南民族学院系部主任换届，先生当选为历史系主任。②

是年，《仰韶文化葬俗和社会组织的研究——对仰韶母系社会说及其方法论的商榷》发表于《文物》(1987年第4期)，英文本发表于美国《早期中国》杂志（*Yangshao Burial Customs and the Study of Social Organization*：*A Comment on the Theory of Yangshao Matrilineal Society and Its Methodology*. *Early China*, 11－12：7－32. 1987)。

按：1983年出版的《元君庙仰韶墓地》一书（张忠培执笔）系统论证了仰韶文化母系说，而先生运用民族学资料与考古学的类比研究，对仰韶文化母系社会说提出异议，认为此说的论据是不充分的。

8月3日，孔令平教授来信，谈及《仰韶文化葬俗和社会组织的研究——对仰韶母系社会说及其方法论的商榷》一文对学界的影响，认为本文"给中国考古学界放了一个高当量的原子弹!"并说："仰韶母系说，从去年开始，我也有疑点，但不是从学兄的葬俗制度出发。你的见解太好了！我完全支持！你的文章真使我大开眼界，特别在中国考古学界是很大的冲击。中国考古学的材料太丰富，但理论都太落后了，非常可惜，也非常遗憾，三十多年总停留在用来证据（明）摩尔根、恩格斯的理论，而不用的材料，那些闪光的宝贵材料却被束之高阁，真是太可惜了，尽管中国是马列指导，但不想前进、发展、创造，是永远没有出息的！你这一炮放得太好了。"③

---

① 《云南民族学院大事记》，187～188页。

② 《云南民族学院大事记》，100页。

③ 《汪宁生集》第四卷，556页。

9月26日，写《中国西南民族历史与文化·前言》。先生在文中说："我多年从事西南少数民族调查研究工作，主要兴趣在于搜集民族志材料以研究中国古史和中国考古学，其研究范围和方法与目前欧美流行的民族考古学（ethnoarchaeology），若合符节。"①

10月14日，著名先秦史专家斯维至来信，略谓："惠赐大作三篇，也已拜读。往时搞考古者不通文献或文化人类学、民族学，搞历史者也往往如此，此所以是先秦史学很少进步的原因，据我所知老前辈只有徐中舒先生、顾颉刚先生独能注意于此，台港学者则多如此。我对于您的治学方法是很敬佩的。"②

是年岁末，专著《铜鼓与南方民族》脱稿。

是年，《论民族考古学》发表于《社会科学战线》1987年第2期。此文后收入《民族考古学论集》（文物出版社，1989年），题为《略谈民族考古学》；又收入《民族考古学探索》（云南人民出版社，2008年），改题为《谈民族考古学》；收入《汪宁生集》第一卷《民族考古学论集》（学苑出版社，2013年）时，仍题为《谈民族考古学》。

按：本文结合中国民族考古学的情况，系统介绍了民族考古学的定义、研究范围和研究方法，是"当时国内对民族考古学理论方法探索系统论述的第一篇文字"。

在定义上，先生赞成广义的民族考古学，即"民族考古学就是民族志材料和考古学材料的比较研究"。"当然，这并不是说只要随意征引一两条民族志材料用以说明考古学问题，就是民族考古学，因为在一般考古学著作中也可以找到这样的引证。但我们认为，任何人（不仅仅是考古学者）只要有目的有计划地系统搜集民族志材料（不

① 《汪宁生集》第二卷，355页。

② 《汪宁生集》第四卷，549页。

管来自自己做调查还是前人的记录）来与考古学材料进行类比，经过严格的验证后用以解决考古学问题者，都可算民族考古学。”

关于民族考古学研究方法，先生认为其核心是类比，“民族考古学研究方法，从根本上说就是如何恰当地选用民族志材料来和考古学材料进行类比的问题”。对中国的民族考古学来说，只能采取普遍类比的方法，即“可从大量民族志材料中归纳出一些带普遍性的模式，供复原考古材料时类比之用”。

在如何选择民族志材料方面，先生从中国实际出发，“为自己规定了一个‘先近后远’的原则。例如，研究中原地区新石器时代某一问题，首先从国内比较原始的少数民族中寻找类比材料；如不可得，再从东南亚和太平洋地区甚至美洲印第安人寻找；如仍不可得，则其他地区民族志材料只要可供类比者也可考虑使用”。

在研究范围方面，先生“赞同民族考古学要解决的重点是史前考古学上的问题”，并且“认为研究史前或古代社会，类比材料只能从前资本主义（或前工业社会）的民族中取得”。

进行类比时，先生指出“必须建立起一套科学的方法，按一定的程序办事”。“我通过多年的摸索，为自己规定的程序是：提出问题或对旧说进行否定，通过民族志材料进行类比以建立假说，从考古材料本身寻求证据以验证假说。”这和欧美民族考古学提出的“类比—假说—验证”的程序不谋而合。“一次成功的类比的关键就在验证。”验证符合，则假说可以成立；如不符合，则假说必须放弃。一方面，“通过类比—假说—验证，可能建立一种新说；也可能仅仅否定以前的误说，并不能提出新的解释。”另一方面，“通过类比—假说—验证，也可能只解决某个问题之中的一部分，而未能全作解释。在这种情况下，正确的态度只能是中国传统治学方法中的‘多闻阙疑'，而不可强作解人"。①

11月20日—21日，云南民族学院图书情报委员会成立，先生为副主任。②

从是年起，先生开始讲授"民族调查方法"课程，备课过程中着手翻译英国皇家人类学会编 *Notes and Queries on Anthropology* 一书。

是年，《从原始计量到度量衡制度的形成》发表于《考古学报》(1987年第3期)。

1988年　戊辰，59岁

3月11日，华裔法籍学者陈庆浩来信。

3月，《水、苗、壮、彝诸族使用铜鼓的习俗》收录于《神与神话——御手洗胜博士退官纪念论文集》。③

《年谱》："7月，去萨格勒布参加国际民族学及人类学大会第十二次会议，宣读《中国西南地区少数民族文化的保存和发展：民族生态学的研究》论文。归途游览布达佩斯及莫斯科。"

7月26日上午，在克罗地亚萨格勒布大学举行的第十二届国际人类学和民族学大会上宣读 *Preservation and Development of Minority Cultures in South West China: A Study on Eth－noecology* 论文。

《始信昆仑别有山》1988年7月26日：

> 上午在本组演讲，题为《中国少数民族文化之保存和发展——民族生态学的研究》，听讲者16人，会后提问题

① 以上引文均见《汪宁生集》第一卷，5～11页。

② 《云南民族学院大事记》，113页。

③ 王孝廉编：《神与神话——御手洗胜博士退官纪念论文集》，台北，联经出版公司，1988。

者尚算活跃。一位来自罗得岛的女人类学家发表评论说“很感兴趣”。我们这组名为“民俗、文化和发展”，属于“人类学和发展”讨论组。组织者为尼日利亚乔斯（Jos）大学发展研究中心副教授J. O. 奥霍德博士，不知从何处得知我的地址，几年前来信相邀参加。据称本组提交论文者35人，来自17个国家云。①

陈国强《中华人民共和国十年来的人类学（1981—1990）》：

1988年7月，第十二届国际人类学民族学大会在南斯拉夫举行，参加本届大会的有来自94个国家和地区的2500名学者，我国出席大会的有来自大陆的杜荣坤、曹成章、肖家成、严汝娴、关键、陈冬兰、王晓义、陈亚各、毕文芳、汪宁生、吴汝康、秋浦等12人，来自台湾的李亦园、石磊、胡台丽3人，来自香港的乔健、谢剑2人，共提交大会19篇论文。②

11月15日，日本学者今村启尔来信。信中说：“以前我曾拜读过先生写的很多论文，这次和先生相见，我很感动。这次先生写的《水、苗、壮、彝诸族使用铜鼓的习俗》的论文，我怀有很深的兴趣，准备慢慢学习。”③

是年，专著《云南沧源崖画的发现与研究》获国家民委主办的“全国民族学院哲学社会科学优秀科研成果奖”一等奖；论文《仰韶文化葬俗和社会组织的研究——对仰韶母系社会说及其方法论的

① 《汪宁生集》第四卷，311页。

② 陈国强、林加煌主编：《当代中国人类学》，10页，上海三联书店，1991。

③ 《汪宁生集》第四卷，571页。

商榷》获云南省高等学校科研成果二等奖。①

1989年　己巳，60岁

1月20日，杜正胜来信，约先生为台湾《新史学》及《历史月刊》写稿。②

1月，《民族考古学论集》由文物出版社出版发行，费孝通先生题签。本书收论文25篇：1.《略谈民族考古学——代序》；2.《从原始记事到文字发明》；3.《从原始计量到度量衡制度的形成》；4.《中国考古发现中的“大房子”》；5.《仰韶文化葬俗和社会组织的研究——对仰韶母系社会说及其方法论的商榷》；6.《试释几种石器的用途》；7.《八卦起源》；8.《耦耕新解》；9.《释“武王伐纣前歌后舞”》；10.《释臣》；11.《改火的由来》；12.《云南少数民族的取火方法——兼谈中国古代取火》（本文部分内容曾以《云南少数民族原始取火方法》《我国古代取火方法的研究》为题，分别发表于《人类学研究》1984年第1期及《考古与文物》1980年第4期）；13.《傣族的原始制陶术——兼谈中国远古制陶的几个问题》；14.《基诺族的“长房”》；15.《云南永胜县他鲁人的羊骨卜——附论古代甲骨占卜习俗》；16.《彝族和纳西族的羊骨卜——再论古代甲骨占卜习俗》；17.《佤族铜鼓》；18.《纳西族的仪式用木牌和汉代烽燧遗址出土的人面木牌》（即《纳西族源于羌人之新证》，原载《思想战线》1981年第5期）；19.《试论中国古代铜鼓》；20.《试论不对称形铜钺》；21.《试论石寨山文化》；22.《晋宁石寨山青铜器图像所见“滇”人的经济生活和社会生活》；23.《晋宁石寨山青铜器图像所见古代民族考》；24.《试释晋宁石寨山出土铜片上的图

① 《云南民族学院大事记》，143页。

② 《汪宁生集》第四卷，559～560页。

画文字》；25.《云南青铜器丛考》。本书的出版，为先生“取得我国第一位著有民族考古学论文集的殊荣”。①

《民族考古学论集·后记》节录：

这个集子所收二十五篇文字，讨论的问题殊为庞杂。以时间言，从新石器时代直到秦汉时期；以空间言，有中原地区，也有西南地区。但每篇文字（或其中某一部分）都是通过民族志材料的类比而得出结论的，有几篇更是个人为了解决考古学上的问题直接从事民族学田野调查的成果，故题名为《民族考古学论集》。②

王东昕《忆当代著名民族考古学家、文化人类学家汪宁生（1930.5～2014.2）》：

1989年，引发了汪宁生良多感慨并引以为自豪的《民族考古学论集》由文物出版社出版发行，论集汇聚了他1989年以前的民族考古学研究成果，集中反映了他从事民族考古学研究在学术思想、研究方法方面的发展历程，论集出版后不久他曾说：中国考古界能出版这样的论文集者不多啊（截止到1989年时）！

王亚文《汪宁生：〈民族考古学论集〉》：

汪宁生教授1930年5月生于江苏省南京市。1954年考入北京大学历史系考古专业，1959年毕业后分配到中央民族大学（学院）历史系工作。现为云南民族大学教授。1960年5月，汪宁生教授作为中央民族大学（学院）教

① 蔡葵：《论中国民族考古学的形成和初步发展》，载《思想战线》，1992（4）。

② 汪宁生：《民族考古学论集》，411页，北京，文物出版社，1989。

师，被派参加由全国人大统一领导的云南民族调查组，开始接触民族调查研究。其间读了顾颉刚先生抗战时期在昆明写成的《浪口村随笔》（后改名为《史林杂识》）一书，受顾先生用边疆少数民族文化习俗资料考证古代问题的影响和启发，开始尝试利用民族学材料研究考古学和古史问题，从此走上民族考古学研究的道路，至今已近半个世纪，是中国民族考古学开拓者之一。

1989年1月由文物出版社出版发行的《民族考古学论集》（以下简称《论集》）一书，收入论文25篇，汇集了60年代至80年代民族考古学研究的重要成果，时间从新石器时代直到秦汉时期，空间则从中原到西南。是作者长期从事民族考古学研究重要成果的汇集。

《论集》以1987年2月发表在《社会科学战线》的论文《略谈民族考古学》为序，就民族考古学这一新兴边缘学科的学科定义、发展历史、选择民族志材料的方法、研究的范围和问题及如何进行类比研究等做了深入探讨，是当时国内对民族考古学理论方法探索系统论述的第一篇文字。[汪宁生教授又先后在《再谈民族考古学》（载北京大学《迎接21世纪的中国考古学国际学术讨论会论文集》，科学出版社，1998年）、《三谈民族考古学》（根据1999年教育部在昆明举办的第四届社会文化人类学高级研讨班报告整理）两篇论文中再次阐述了民族考古学的理论方法，三篇文章已同时收入《汪宁生论著萃编》。]

25篇论文大多曾先后在国内外重要刊物上公开发表，按研究内容大致可分为几部分。

第一部分两篇论文，《从原始记事到文字发明》及《从原始计量到度量衡制度的形成》结合民族志、考古发现和古文献的大量材料，研究文字的起源、度量衡制度的形成等重要问题。关于文字的发明，作者指出：（一）文字是由三类记事方法引导出来的，而不是仅仅起源于图画；（二）三类记事方法并行发展、交错存在，从原始记事到文字发明并不是走着一条单线发展的道路；（三）从原始记事到文字发明的漫长过程中，表音字的出现才标志着文字的正式开始。对于度量衡的起源，则提出以下看法：（一）度量衡三者非同时开始；（二）最早计量标准均借助于人体自身；（三）最先出现的长度、容量诸单位，可说是中型的（到了后世即成为常用单位）；（四）最先计量单位以人体为标准，无法确定固定比例；（五）在原始计量中，就以人体和人身边常用之物做计量之用，别无专用的度量衡具；（六）度量衡具开始是不统一的。两篇文章材料十分丰富，大大拓展和加深了人们对这些领域的认识。

第二部分三篇论文，其中《中国考古发现中的“大房子”》一文，以国内外民族志所见几种不同的大房子为类比材料，对考古发现的“大房子”遗址进行分析，并为今后考古工作中如何判断这类房屋遗址的用途和性质，提出了自己的意见：（一）远古时期大型房屋有各种不同的用途；（二）即使属于公共住宅，其内部也千变万化；（三）远古居民实行何种婚姻制度、世系如何传递，与房屋大小并无联系；（四）从人们过着定居生活以后就可能营建公共住宅，直到进入文明社会以后仍有存在，故公共住宅内部的经济生活也是多种多样的；（五）从本文所举民族学和考古学材料可以看出，不同民族、不同文化均可能兴建大房子作为公共住宅或公共场所。《仰韶文化葬俗和社会组织的研究——对仰韶母系社会说及其方法论的商榷》对仰韶文化为母系社会说及其方法论提出自己的见解，认为：（一）多人合葬墓不是母系家族的“缩影”；（二）“女性本位”之说不能成立；（三）同性合葬极不普遍，根本不能成为一种葬俗，用它来复原某种社会组织是不可靠的。关于以葬俗研究社会组织，作者在方法论上提出以下几点：（一）应该重视埋葬制度中那些带有普遍性的事物；（二）为了更好地复原一个社会的面貌，要采取民族考古学的方法，从民族之中搜集资料进行类比；（三）还要不断注视新的研究方法；（四）研究问题要从实际情况出发，永不满足现成的结论。《试释几种石器的用途》则运用民族考古学方法，借助太平洋岛屿、澳大利亚、美洲等地一些原始民族仍然使用和制作石器的情况，探讨我国新石器时代石器的用途和用法。包括盘状器、穿孔石器、星形穿孔石器、蝶形器及“仪式用石斧”。并认为，研究地下出土石器用途，从原始民族中找到类似石器后并不能立即对其用途作同样的解释，至少要从两个方面进行验证：（一）石器本身，即从使用痕迹、制造痕迹等方面看，假如做同样解释的话，是否能找到足够的证据；（二）石器与周围事物的关系，即从共生器物组合、生态环境、社会面貌以及物质文化发展水平进行衡量，看是否有矛盾抵牾之处。

第三部分五篇文章，是作者利用西南少数民族田野调查材料解决古史问题的典型范例。《八卦起源》根据西南少数民族保存的类似古代筮法的占卜方法，探讨八卦的起源。认为，阴阳两爻是古代巫师举行筮法时用来表示奇偶数的符号，八卦则是三个奇偶数的排列组合。《耦耕新解》利用过去云南少数民族农业生产中保存的一些习俗，对耦耕提出新的见解。作者认为，古代耦耕在需要使用耒耜的场合，是两人使用二耒或二耜，但也有不使用耒耜的场合。古代耦耕不是使用耒耜的方法问题，而是劳动人民在各项农业劳动中广泛实行的一种劳动协作，这种协作常常是通过换工的方式进行。《释“武王伐纣前歌后舞”》据西南少数民族习俗对古史中记载的“武王伐纣，前歌后舞”另作解释，提出，“武王伐纣前歌后舞”传说的产生，与巴人曾以“歌舞以凌”方法参加这次战役有关。所谓“歌”，就是高唱战歌或高声吼叫；所谓“舞”就是先锋或先头部队做出冲杀和刺击的恐吓性的动作。《释臣》参考云南少数民族材料，对臣的得名的由来提出另一种解释。即臣字为瞋（睁）字初文，本义为瞋目望视，借用来作为监督劳动的奴隶头子的专称，后又泛指一般的奴隶及为君主效劳和办事的人。《改火的由来》参考少数民族习俗对古代典籍中改火这一古礼加以阐述，认为改火之礼来源于预防与火有关的自然灾害的巫术。

第四部分七篇文章，是作者民族考古学的个案研究。作者在调查材料的基础上对古代取火、制陶、占卜、铜鼓、仪式用木牌等进行类比研究，从而得出自己的看法。《云南少数民族的取火方法——兼谈中国古代取火》一文，分别介绍了云南少数民族原始取火方法以及我国文献记载和考古发现中的原始取火方法。进而探讨了原始取火方法的种类及其分布、如何推断史前遗址的取火方法，最后关于我国古代取火提出：（一）钻法是普遍的取火方法；（二）锯法和击石法，也曾是我国先民使用的原始取火法；（三）自金属使用以后，至迟从战国时期起，我国发明了金属镜取火法。《傣族的原始制陶术——兼谈中国远古制陶的几个问题》从泥条盘筑、转盘使用、制陶工具、烧陶方法、陶器的用途与用法等方面对远古制陶进行了一系列探讨；《基诺族的“长房”》根据自己的调查材料，对基诺族长房作了详细介绍，为民族学和考古学研究留下了一份宝贵资料；《云南永胜县他鲁人的羊骨卜——附论古代甲骨占卜习俗》和《彝族和纳西族的羊骨卜——再论古代甲骨占卜习俗》两文都利用云南少数民族的羊骨卜习俗来类比研究中国古代甲骨占卜习俗，通过研究证明，古代骨卜和西南少数民族羊骨卜有着共同的渊源；《佤族铜鼓》除介绍佤族铜鼓及其使用外，还讨论了通过调查这些存在于现实生活中的铜鼓，对研究古代铜鼓的分布、用法、纹饰、铜鼓所有者的社会身份及族属等方面的启示；《纳西族的仪式用木牌和汉代烽燧遗址出土的人面木牌》将调查中发现的纳西族仪式用木牌与西北地区出土的人面木牌进行比较，认为两种木牌一样，都是祭祀时插在地上作祭祀之用的，其上所绘人面形，即代表祭祀的对象。

最后部分几篇文章，是以民族考古学方法研究西南青铜文化及青铜器的成果。《试论中国古代铜鼓》对铜鼓的分类、年代、分布、图像、使用方法、社会作用等问题提出了自己的看法，并结合民族志材料对铜鼓的起源问题也作了一定探讨，认为铜鼓的前身应是一种原始木鼓。《试论不对称形铜钺》汇集了各地发现铜钺的材料，并对其分布、年代、用途等问题作了研究探讨。《试论石寨山文化》则就这一文化的分布、特征、命名、分期、年代、与其他文化的关系、族属等问题作了初步探讨。

《晋宁石寨山青铜器图像所见“滇”人的经济生活和社会生活》一文结合民族志资料对“滇”人的经济生活和社会生活作初步复原；《晋宁石寨山青铜器图像所见古代民族考》对青铜图像中近三百个人物进行“民族识别”。《试释晋宁石寨山出土铜片上的图画文字》把铜片所刻绘符号作为一种图画文字看待，根据图画文字的特点并结合晋宁石寨山出土文物及云南少数民族生活习俗，细审之后认为铜片上所刻绘的乃是“滇”人对他们财富的一种登记或记录。《云南青铜器丛考》则对几种器物的名称、用途和性质以及反映古代习俗的图像，提出自己的解释。并认为关于云南古代民族特殊器物或图像，必须从文献记载和现代少数民族仍然残存的有关习俗中收集材料，来进行解释，有时甚至还要搜集东南亚和太平洋岛屿地区的民族学材料，进行比较研究。因为历史上这片地区文化有共同性，有些习俗在云南早已消失而在其他地区却有可能长期保存下来。

《民族考古学论集》1989 年 1 月出版至今已近 20 年。2001 年，收入《汪宁生论著萃编》（云南民族出版社出版）时，内容上曾重新作了删改增订。2008 年，此书将更名为《民族考古学探索》，由云南人民出版社出版发行。

汪先生研究领域较宽，除民族考古学外，对中国西南地区考古及民族史、中国古史、文化人类学及其调查方法、崖壁艺术等也有不少重要学术著作（见《汪宁生论著萃编》两卷）问世，受到学术界重视。①

2 月，《中国西南民族的历史与文化》由云南民族出版社出版。本书正文共收论文 17 篇：1.《古代云南和内地的经济文化联系》；2.《滇楚关系初探》；3.《古代云贵高原上的越人》；4.《试论越濮不同源》；5.《秦代云南设治考》；6.《金马碧鸡之谜》；7.《四川

① 此文收入何星亮主编：《中国人类学民族学百年重要著作提要》，154 ~ 159 页，北京，知识产权出版社，2009。

珙县悬棺周围的崖画和沧源崖画》；8.《南诏几个城址的考察》；9.《南诏中兴二年画卷考释》；10.《远古时期云南的稻谷栽培》；11.《古代云贵高原上的养马业》；12.《云南冶金业的早期历史》（即《从考古材料看云南冶金业的早期历史》，《学术研究》1963 年第 3 期）；13.《谈云南开始制造铁器的年代问题》；14.《阿昌族的铁器制作》；15.《水、苗、壮、彝诸族使用铜鼓的习俗》；16.《从文物考古材料看滇藏关系》；17.《记滇西北几个喇嘛寺》。附录论文 1 篇：《汉晋西域与中国文明》。

按：此论文集收录先生自 1960 年代以来陆续写成的文章，除《阿昌族的铁器制作》一篇外均部分或全篇公开发表过，结集时又经过增删修改。先生在《前言》中特别指出："书中某些考证、汇集的文献资料和自己调查的记录，自有一定的价值；而有些文章的观点（如片面强调统一，强调中原文化的先进，花费过多精力研究属于模糊逻辑范畴的族源之类问题）和研究问题的方法，笔者自己现在业已扬弃。"①

4 月，《铜鼓与南方民族》由吉林教育出版社出版。全书分为八章：第一章《铜鼓研究的历史》，第二章《铜鼓的类型及其分布》，第三章《铜鼓的年代和起源问题》，第四章《铜鼓上的纹饰》，第五章《历史上使用铜鼓的民族》，第六章《现代民族使用铜鼓的习俗》，第七章《铜鼓的使用》，第八章《铜鼓的社会功能和铜鼓崇拜》，共 184 页，书前有图版 35 页。

《铜鼓与南方民族·引言》节录：

把铜鼓作为一种历史文物进行著录和研究，在国内已

---

① 汪宁生：《中国西南民族的历史与文化》，昆明，云南民族出版社，1989。

有多种论著刊布；而从文化人类学角度对铜鼓加以考察，迄今尚是空白。笔者不揣浅陋，写成此书，拟在这方面作初步的尝试，即以当代人类学的观点，研究铜鼓的社会功能，反映人们的宗教信仰和社会意识，并从铜鼓的传布情况探索中国南方民族文化变迁之踪迹。为了帮助人们了解铜鼓的一般情况，本书对铜鼓的类型、分布和年代等问题，也作了简略介绍，但这部分不是本书的重点。①

6月，《试释几种石器的用途——民族考古学研究之一例》收录于《中国原始文化论集》。②

6月，云南民族学院系部主任换届，先生仍当选为历史系主任。③

8月16日，赴北京参加国家民委学术委员会第四次扩大会议。会议讨论了国家民委制定的《关于评选民族学院重点学科的意见》，以及国家民委直属的各民族学院有关博士、硕士学位授予权问题。④

8月，《铜鼓与“夸富宴”——民族考古学的实例研究之一》收录于《庆祝苏秉琦考古五十五年论文集》。⑤

9月，《丝绸之路文献叙录》出版，对先生早年所著《汉晋西域与祖国文明》（《考古学报》1977年第1期）一文的主要内容作了提纲挈领的叙录。《叙录》文曰：

---

① 汪宁生：《铜鼓与南方民族》，1页，长春，吉林教育出版社，1989。

② 田昌五、石兴邦主编：《中国原始文化论集——纪念尹达八十诞辰》，北京，文物出版社，1989。

③ 《云南民族学院大事记》，101页。

④ 《云南民族学院大事记》，115页。

⑤ 《庆祝苏秉琦考古五十五年论文集》编辑组编：《庆祝苏秉琦考古五十五年论文集》，北京，文物出版社，1989。

本文利用新疆出土的文物考古资料，包括帝国主义盗掘去的资料，就汉晋时期西域和内地的经济文化交流情况，探讨了这一时期祖国文明在西域广泛传布的问题。这是对苏联科学院院士阿·巴·奥克拉德尼科夫说我国最近出土文物是“中国考古学伪造的新东西……”烂言的驳斥。西域的农业，在汉武帝以前已有一定基础，汉武帝以后，又有了进一步的发展。汉武帝时为了保证“丝绸之路”的畅通，不断派遣士卒戍守西域并进行屯田。屯田移民不仅带来内地先进的农业生产技术，还带来了各种手工业技艺，使西域冶金、制陶、纺织等部门的面貌为之一新。至于商业，西域和内地之间早在西汉之前就有联系。汉武帝以后由于西域正式列入祖国版图，以及本地农业和手工业的发展，西域和内地之间商业活动更加频繁。为了克服语言文字方面的障碍，汉族和西域少数民族互相学习和使用对方的语言文字。西域少数民族使用的各种文具、书写材料和工具都受到内地的影响。由于西域各族人民和内地人民的长期交往，在生活习俗方面，也逐渐摹仿内地，无论是服饰、饮食、居住、婚姻或丧葬等，都和内地有共同之处。总之，作者认为，从公元前二世纪末开始，西域就列入祖国的版图，不仅在政治上受中原王朝直接管辖，就是在经济上、文化上也一直和内地保持血肉联系。内地的经济文化影响不仅遍及西域全境，且已到达巴尔喀什湖以东以南地区。在伊塞克湖之滨早就有屯田移民的活动。今天费尔干纳地区像冶铁、凿井等生产技术都由汉族士卒传入。中国对巴尔喀什湖以东以南地区不仅设有行政机构进行统治，就是在经济文化上自古以来就和中国有密切关系。西域是个多民族地区，从公元前二世纪末开始也有大批内地汉民移居这里，他们共同缔造了祖国的历史，也分享光辉灿烂的祖国文明。①

10月21日，云南民族学院首届科研人员科研成果奖揭晓，《云南沧源崖画的发现与研究》获专著一等奖，《从原始记事到文字发明》获论文二等奖。②

11月，获云南省政府授予的“1988年度有突出贡献的优秀专业技术人员”荣誉称号及三等奖。③

12月28日至1990年1月2日，第一届都市人类学国际会议在北京召开，先生与会，并宣读 *The Cityward Migrants of Minorities in China: A Case Study on Kunming Immigrants* 论文。

是年，《释明堂》发表于《文物》（1989年第9期）。

Ancient Ethnic Groups as Represented on Bronzes of Yunnan, China. Archaeological Approaches to Cultural Identity, edited by S. T. Shennnan, London: Umusin Hyman Ltd, 1989.

1990年　庚午，61岁

1月，顾洪整理的《顾颉刚读书笔记》由台湾联经出版事业公司书版，全书共10卷，收入笔记54种。

7月13日，宋蜀华先生来信。信中说：“收到大作《民族考古学论集》，十分感谢。此书汇集你多年精心之作，对西南特别是云南民族研究十分有用，你在民族考古方面的贡献是很突出的。”④

8月2日，《中国文物报》刊载闻异（木基元笔名）《“活的社

① 甘肃省社会科学学会联合会、甘肃省图书馆合编：《丝绸之路文献叙录》，296~297页，兰州，兰州大学出版社，1989。

② 《云南民族学院大事记》，144页。

③ 《云南民族学院大事记》，214页。

④ 《汪宁生集》第四卷，552页。

会”探索——〈民族考古学论集〉评介》一文，认为《民族考古学论集》所收录的文章“不仅显示出了它的学术价值，而且还有方法论上的意义。《论集》的研究拓宽了领域，使考古学研究呈现出一片新的天地。”

8 月，回母校灌云县板浦中学访问。

祝润之《岁月如歌》：

1990 年 8 月，46 届校友同窗挚友汪宁生教授偕夫人王云慧教授回母校访问，受到热情接待。宁生虽为知名教授，是人类（民族）考古学家，在云南对少数民族的调查、考古研究卓有建树。曾在美国宾夕法尼亚大学任高级研究员一年，又曾受聘德国海德堡大学，任东方艺术系客座教授。然而见到老同学依然平易近人、谦恭谨慎、不忘故旧。他首先到我家中叙谈，然后才由我将他带到校长室引见校领导及茆会长。在板浦的老同学闻讯都前来聚会，朱君模接到通知也从花果山赶来相聚。当晚，由板浦镇政府设宴招待。第二天由县政府、县政协派专车将其接往县政府，孙志俊和我陪同前往。当天上午由县政协主席吴中成、县政府分管文教的副县长张琪珂（两位都是校友会副会长）陪同到大伊山摩崖石刻考查了星象图和美女图。中午由县政府设宴招待，下午与县博物馆全体人员座谈。晚有小雨，我陪同住在伊山宾馆，老同学方攸注冒雨来访，交谈甚欢。翌晨由县博物馆长陪同前往市博物馆访问，我随车回板中，在板中门前依依惜别。①

11 月 5 日，先生赴丽江参加纳西民族史专题学术讨论会。

① 《岁月如歌》，140～141 页。

《西南访古卅五年》1990 年 11 月 5 日：

来此参加纳西族社会历史学术研讨会……

又有意大利学者两人，其一为 Dr. Roberto Ciarla，前已相识，询以石寨山铜器上牛之种属问题，承告此牛与印度等地瘤牛（zebu）不同，乃东南亚古老牛种，西方学者近年已有论述。

学无止境。稍一偷懒，疏于查考，便会出错。①

10 月 7 日，先生应邀在会上作题为“关于族源问题的研究方法”的发言。

《西南访古卅五年》1990 年 11 月 7 日：

下午作大会发言，题为“关于族源问题的研究方法”，剖析当前认为一个民族历史愈早愈好（甚至上溯至“元谋猿人”）之非。人类起源既然一元，各族历史起点相同，仅进入文明有早有晚。发言毕有地区党校教师和湛先生前来握手，云：“感谢你带来理性思维。”②

木基元《插柳之恩终难忘——缅怀汪宁生先生》：

1990 年 11 月 5 日，由云南省社科院东巴文化研究室发起的纳西民族史专题学术讨论会在丽江举行。时隔三十年之后汪先生再次踏上这块土地，应邀在会上作了《关于族源问题的研究方法》的发言，鼓励学者们在充分掌握历史文献、考古学、民族学资料基础上大胆进行科学研究，切忌无任何依据便把一个民族的历史推前。他严厉地批评了

---

① 《汪宁生集》第四卷，62 页。

② 《汪宁生集》第四卷，62 页。

个别学者以元谋人做族源研究的荒唐做法，剖析当前认为一个民族历史愈早愈好并非正常，告诫同仁少写一些使自己脸红的文字。他最后指出，“务陈言之尽去，乃他人所未发”应成为我们治学的座右铭。①

11 月初，前往永胜访问他鲁人。

《年谱》：“是年，开始对历年利用民族志资料研究中国古史一得之见，写成短文札记，以‘古俗新研’专栏形式，先后在《中国文物报》及台湾《大陆杂志》、香港《华侨日报·学林》陆续发表。”

是年，《耒耜新考》发表于台湾《新史学》第一卷第二期（1990 年）。按《年谱》1991 年条：“是年刊出《耒耜新考》一文。”② 应是误记。

1991 年　辛未，62 岁

《年谱》：“1 月，参加美中学术交流委员会在泰国华杳召开之东南亚及西南中国青铜文化发达阶段学术讨论会，宣读《中国西南高地早期政权之形成》论文。”

《始信昆仑别有山》1991 年 1 月 16 日：

今轮我发言，题为“中国西南高地之政权形成”，以晋宁石寨山文物推断当时已有早期政权，且为原生政权而非次生政权。论文准备多时，自觉颇有新意。③

① 载《云南文史》，2014（2），27 页。
② 《民族学报》第十一辑，415 页。
③ 《汪宁生集》第四卷，423 页。

《年谱》："6 月，获加拿大驻华使馆提供之研究基金，赴加考察，历时五周，访问平原印第安人、易洛魁印第安人及爱斯基摩人保留地及居住区。归途经香港参加亚洲历史学家协会（IAHA）第十二届会议，宣读题为《西南中国之早期文明》论文。"

按：《始信昆仑别有山》记载先生于 5 月 16 日上午抵温哥华，21 日飞抵里贾纳。期间参观不列颠哥伦比亚皇家博物馆，得见印第安人文物，收获颇丰。先生指出，国外民族学资料也可用作中国民族考古学类比研究。

《始信昆仑别有山》1991 年 5 月 20 日：

> 19 日清晨动身去维多利亚港……此间有不列颠哥伦比亚皇家博物馆，规模较大……
>
> 当地的印第安人（Salish Indian）生活方式的陈列，尤有研究价值。冬天人们集中住在三个村落的固定房屋中，其他时期以核心家庭为单位前往营地，分散住在临时住所，从事采集。这样，不同季节的不同生计和居住方式，会留下不同的考古遗存，虽然他们属于同一种人。这对反对中国学界在考古文化与人们共同体之间划等号，是个有力论据。
>
> 国外民族学调查充分，积累资料完备，也可用作中国民族考古学类比研究。由于一切均要经过最后之验证，不会流于空泛无据，此即所谓"广泛类比"也。近日自己有豁然开朗之感。①

6 月 22 日，由多伦多飞抵香港。

6 月 23 日下午，在香港参加国际亚洲历史学会（IAHA）第十二

① 《汪宁生集》第四卷，390 ~ 391 页。

届会议，于第五十小组宣读《西南中国之早期文明》论文。

《始信昆仑别有山》1991年6月27日：

乘加航由多伦多飞港，参加国际亚洲历史学会（IA-HA）第12届会议……

23日上午举行开幕式，由本届大会主席王赓武致开幕词，提及1964年香港第三次会议时突遭风暴，八小时不能出门云。王先生现任香港大学校长。开幕式毕余英时教授作主题报告，题为《新文化转化及亚洲传统之再发现》。王、余两先生前已相识，开会前相互寒暄。

这次大会出席者约有600—700人，分为几十个组。下午在第50小组宣读论文，题为《西南中国之早期文明》。本组由大陆学人组成，仅五人提交论文。

当晚会议在大学Lok Yew厅举行招待会。会见夏威夷大学的苏恒翰夫妇、斯里兰卡考古学家达拉奈克等熟人。①

7月，《大理白族历史与佛教文化》收录于《云南大理佛教论文集》。②

8月，《谈中国少数民族迁入城市——关于昆明的个案研究》收录于《都市人类学》。③

9月，《地球上的人们——世界史前史导论》出版，此书由先生主持翻译，“出版前言”及“译后记”为先生所作。④

---

① 《汪宁生集》第四卷，504页。

② 蓝吉富编：《云南大理佛教论文集》，高雄，台湾佛光出版社，1991。

③ 阮西湖主编：《都市人类学》，北京，华夏出版社，1991。

④ ［美］B. M. 费根著，云南民族学院历史系民族学教研室译：《地球上的人们——世界史前史导论》，北京，文物出版社，1991。

11月，《中国西南地区的民族生态学》收录于《当代中国人类学》。①

《年谱》："12月，应邀偕妻访问挪威，任奥斯陆大学及特罗姆瑟大学客座教授九月。"

是年，与王东昕等人合作译成英国人类学皇家学会所编 *Notes and Queries on Anthropology* 一书，题曰《社会调查手册》。先生承担本书大部分翻译工作，书稿已誊清，装订成册，拟联系文物出版社出版，后因故搁置，竟成遗稿。

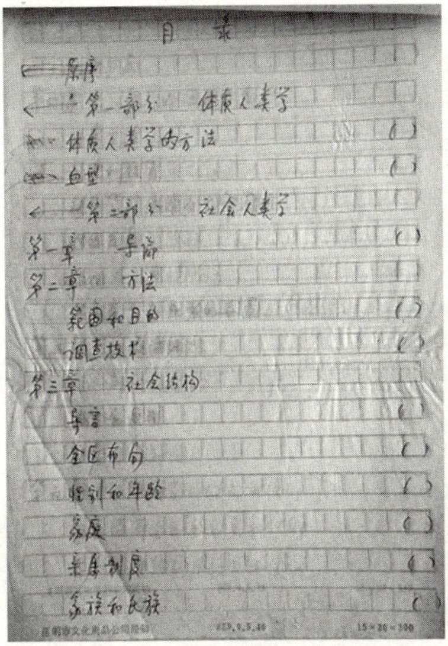

目录

原序

第一部分　体质人类学

体质人类学的方法 （ ）

血型 （ ）

第二部分　社会人类学

第一章　导论 （ ）

第二章　方法

范围和目的 （ ）

调查技术 （ ）

第三章　社会结构

导言 （ ）

全区布局 （ ）

性别和年龄 （ ）

家庭 （ ）

亲属制度 （ ）

氏族和民族 （ ）

图五　《社会调查手册·目录》手稿

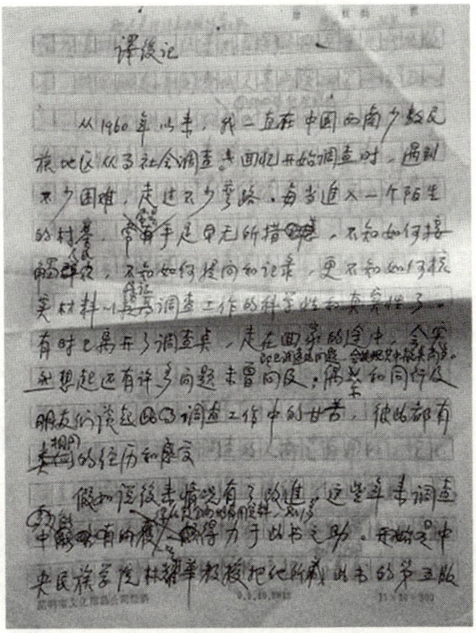

译后记

从1960年以来，我一直在中国西南少数民族地区从事社会调查。回忆开始调查时，遇到不少困难，走过不少弯路。每当进入一个陌生的村寨，常常手足无所措，不知如何接触群众，不知如何提问和记录，更不知如何核实材料，调查工作的科学性和真实性了。有时已离开了调查点，走在回家的途中，才想起还有许多问题未曾问及。偶然和同行及朋友们谈起调查工作中的甘苦，彼此都有类似的经历和感受。

图六　《社会调查手册·译后记》手稿

《译后记》手稿反映了先生对 *Notes and Queries on Anthropology* 的看法及翻译此书的初衷，是比较重要的资料。兹据手稿照片整理，

① 《当代中国人类学》，1991。

录文于下：①

从1960年以来我一直在中国西南少数民族地区从事社会调查。回忆开始调查时，遇到不少困难，走过不少弯路。每当进入一个陌生的村寨，常常是手足无所措，不知如何接触人民，不知如何提问和记录，更不知如何核实材料以保证调查工作的科学性了。有时已离开了调查点，走在回家的途中，会突然想起还有许多问题未曾问及；即已调查的问题，其中疑点尚多。偶尔和同行及朋友们谈起调查工作中的甘苦，彼此都有相同的经验和感受。

假如说后来情况有了改进，这些年来调查中能获得一些比较全面的有用资料，则多得力于此书之助。中央民族学院林耀华教授把他所藏此书的第五版借我长期使用（那还是1929年出版的第五版），后来我多方寻觅此书新的版本，我的朋友美国费城人类问题研究所的David Feingold慨然把他珍藏的此书第六版（1951年初版，1967年重印）惠赠于我。几十年来，在调查旅途中，此书一直伴随着我，似乎是我的一个旅伴。

此书最主要内容是关于社会人类学的，"主要处理无文字民族的社会学，虽然所描述的方法在一般原则上也适用于研究进步社会"（第六版《序言》）。因此，它对于任何从事社会调查的人都是有用的。它不仅系统论述了调查工作方法论（如何接触人民，如何选择调查对象和报告人，

① 《目录》原件共7页，《译后记》原件共8页，手稿照片由重庆师范大学孔令远教授提供，谨致谢忱。《译后记》据手稿照片录文，原件多处反复修改，显系草稿。手稿中个别文字极难辨识，倘识别有误，概由整理者负责。

如何解决语言障碍问题，各种记录材料的手段，如何使用谱系法，如何进行统计和取样，等等），而且为调查社会各个领域（政治、经济、家庭和社会组织、婚姻、宗教、艺术、日常生活、物质文化、民间知识，等等）都提供出一份较为完整全面的调查提纲。由于成书较早，它对于当代人类学一些热点课题（如生态环境的适应，ethnicity，人类学的应用，等等）当然不可能涉及，但参考此书提供的调查方法的一般原则，人们根据调查课题，完全可以自己设计提纲。值得一提的是，此书对人类学中一些重要术语和概念，还给予很通俗的定义和界说，今天专门研究某一问题的人类学家可能会指出其中某些有这样那样的不确切之处，但对初学者仍颇为有用。

英国皇家人类学会为修改增订此书，专门组成一个编辑委员会，可说是集中了三四十年代英国人类学的精英，如R. 布朗、E. 普里查德、R. 弗斯，以及A. 海顿、C. G. 塞格里曼等人（见《第六版序言》后附编委会名单）。它能成为一本人类学名著，一再重版，至今流传未衰，实非偶然。但使我心折的还不是此书编写者的强大阵容和崇高的学术地位，而是贯串全书的科学精神和客观态度。

即在此书那个时代，西方人类学已经是流派甚多，各立门户，而此书并不宣扬自己的一家之言（例如功能学派之言），虽然编写者多是有自己理论框架的人类学大师。它强调指出："每一次人类学调查，都有必要清楚地区分观察和解释，事实和理论不应混杂，观察者想对自己材料进行理论的构造，应在报导事实之后再另加考虑。"（见第一章《导论》）在这方面，颇值得国内学术界深思。以过去的民族调查为例，调查的人数不可谓不多，调查的规模不可谓不大，但由于当时调查是为了印证马克思主义五种社会形态的单线进化论，或迎合官方当时一些政治需要，而从不讲调查工作的客观性，调查报告和资料中常常是观察和解释、事实和理论混杂在一起，真伪相糅。由此可见，此书所讲求的调查方法以及调查工作的客观态度，对做社会调查的人是何等的重要!

当然，此书也有其不足之处。由于它出于众手，各章节论述体系有不相一致，内容部分有重复之处。更重要的是它成书太早（初版于1874年），后虽能不断修改增订，但现今距第六版之问世，已有四十年。近年社会人类学变化极快，不仅研究之范围较前广阔，注意之焦点与前不同，即调查的方法和技术亦有新的发展，而此书已不能予以推广。

自1987年以来，我为研究生及本科生讲授《民族调查方法》，颇想在此书以外，再搜集一些新出版的有关人类学调查之书作为参考。最后发现在欧美此书以后出版的同类著作虽有多种，但或内容过于简单，或问题有所偏重，如此书之全面完整，为调查问题设计提纲者迄未之有，故讲课仍不得不以此书讲述的调查方法为主要内容。备课过程中随手进行翻译，以便自己或学者参考。

一位已获美国人类学博士的朋友来昆，见我做这样工作，不以为然地说，有此精力和时间何不翻译一两本人类学的最新著作。我回答说，我们从事基础科学研究的人，看待一本书刊之好与坏不应只看它的出版年月，要看它的内容中是否包括真理，是否有参考利用价值。这毕竟不是买汽车或电脑，不能认为制造和出厂日期愈近愈好。有时一两年前出版的新书可能已尘封蛛结，无人问津，而两千多年前孔子或苏格拉底的言论至今仍有人征引，古者的经典著作至今还有人研究，有人阅读，其故即在于此。这本书也可以说就是人类学领域中的经典著作，至少我是把它作此看待而翻译的。

最近几年来云南做人类学、社会学田野调查的国外学者和学生日渐增多，其中也包括国内青年人出去读人类学博士而回来调查作毕业论文者。他们到少数民族地区过艰苦生活，精神殊可钦佩。但有些人实为自己论著寻找论据而调查，各有自己的（或自己老师的）一套理论框架，有时听他们高谈调查所获足以印证自己理论的材料，与我们几十年来生活在此所了解的情况总有些出入，我总替他们据此建立的理论体系或“模式”感到“危险”与不安。无论到什么时候，调查资料要符合实际情况，这恐怕将是不容争议的。由此不得不再次想起这本书，无论它有何缺陷，对调查者首先摸清一个地区或社会某方面的部分情况，获得可信资料，总是有用的。因此，决定把全书译完。

此书原名为 *Notes and Queries on Anthropology*，直译应为《人类学的注意事项和提问》，考虑到它是调查者手边必备之书，适用于落后的或进步的这两种情况（《导论》），故称为《社会调查手册》。

原书第一部分讲体质人类学的调查，第四部分讲考古遗址和遗物的调查，内容过于简单，恐怕当时编写者原来也只是为西方社会人类学家们田野工作中遇到这方面问题如何处理而准备的。而且今天这两个领域变化巨大，提供的简单知识对专门研究者说已无大价值，故改为附录，以小字排印，它的唯一用处是可以看出我们先辈们是如何进行调查的。至于原书附录的“照相”、“拍摄电影”等内容，也较陈旧，可以同样看待。

关于 *Notes and Queries on Anthropology* 其书，先生在《文化人类学调查——正确认识社会的方法》中亦有简要介绍：

> 其中英国皇家人类学组织编写的《人类学的询问和记录》（*Notes and Queries on Anthropology*）一书，特别值得推荐。此书主要是处理“无文字的民族”，但所描述的方法“在一般原则上也适用于研究进步社会”（该书第六版，1967年，28页）。因此，对任何地区做调查的人都是有用的。它开始论述了调查工作一般方法，又在以后各章中分别论述了社会结构、社会生活、政治、经济、宗教、物质文化、民间知识和艺术等问题的调查方法；既有对文化人类学中一些重要概念的术语和界说，又列出详细的调查提纲或应提问的问题。参与编辑或审稿此书的先后有A. C. 海顿、A. R. 拉德克利夫·布朗、E. E. 伊万斯·普理查德、D. 福德、E. 李奇等等，可说是集中了英国人类学界好几代的精英。难得的是此书并未宣扬作者们自己的理论体系（如功能学派），而是客观地介绍如何调查的方法，任何学派的人都可使用。此书之所以长期流行，历久不衰，自非偶然。今天看来，它的缺点是成书较早，虽屡经增补，一些新的人类学研究和调查方法和技术、设备未能包括，但它作为一本田野工作方法的入门书或手册，所讲述的调查工作一些原则或基本方法颇便初学，至今仍未过时。我个人这些年来多少做过一点民族调查工作，假如说有时也能略有所获，即深得此书之助。它曾是我调查旅途中随身携带的重要参考书。①

① 《汪宁生集》第三卷，9页。

是年，《河姆渡文化的“骨耜”及相关问题》发表于《东南文化》（1991 年第 1 期）。

1992 年　壬申，63 岁

1 月，《云南考古》增订本由云南人民出版社出版，增写《1979—1990 年云南考古的新发现》一章。

《增订本后记》节录：

这次再版只把近十余年来新发现的材料，进行综合整理，另写一章，作为本书的增补部分。书中原有各章一仍其旧，仅改动个别字句，其中有些提法在新材料面前已发现有误，则在增补部分中说明更正。原书附录表格及参考书目，已据新材料重加编写；图版和插图的篇幅也有所增加，收入近十余年新发现的重要文物和遗迹的图片。①

《年谱》：“1—8 月，在奥斯陆大学讲授《中国考古学》《甲骨文简介》等课程。对挪威北部沙米人作短期考察，并在特罗姆瑟大学演讲。暑假期间访问奥地利、意大利、瑞典和丹麦。”

《始信昆仑别有山》1992 年 1 月 20 日：

今开始《甲骨文简介》第一讲。来前议定，这次要在奥斯陆大学的东方系和考古系及特罗姆瑟大学的社会科学研究所和博物馆共两校三系一馆上课和演讲。由于来此已晚，自己不得不压缩课时，大学不得不另行安排上课时间。东方系之

① 《汪宁生集》第二卷，301 页。

《中国考古学》课改为《中国考古学的若干问题》系列演讲。[①]
《始信昆仑别有山》1992年2月28日：

本周两系三门课程全部结束，总算顺利，一身轻松，明日将赴特罗姆瑟大学矣。

东方系选《甲骨文简介》课六七人，均为研究生，开始即请人找来牛肩胛骨一块，演示灼烧释兆之法，说明甲骨文之缘起，以引起学生兴趣。彼等上课前见面已会说“其雨”？“其有来艰？”等等互开玩笑，可见多少有点了解。盖研究生们能汉语，以汉语上课，效果较好也。来听《中国考古学的若干问题》系列演讲者多不谙考古，故讲述中尽量避免专门术语。考古系之课程，听者为本系本科生及部分教师，虽仍名《中国考古学》，内容与东方系自应有所不同，加强考古学史部分，介绍瑞典人安特生之工作及中国古代金石学有用遗产（器物分类与定名，保护文物之囊匣及摹拓等）。又增加“中国崖画”部分，盖挪威崖壁艺术颇为丰富也。为增加听者兴趣，自己确是煞费苦心；而用英语上课事先更必写好讲稿，每至夜深。在外国上课之苦非亲历其事者不能感受。[②]
《始信昆仑别有山》1992年3月13日：

按预先计划，将在（特罗姆瑟）大学社会科学研究所演讲两次，博物馆演讲两次。由于此间有著名的阿尔他崖雕，又是沙米人分布地区，按他们要求演讲内容将以崖画及民族学为重点。今在大学演讲厅开始第一讲，题为《中国西南民族志》，放映幻灯。由于情况过于隔膜，听众人数不少，提

① 《汪宁生集》第四卷，277页。
② 《汪宁生集》第四卷，278页。

问题者寥寥。①

GJESTEFORELESNINGER

"Some studies on Ethnology in China"

Professor Wang Ningsheng
fra Yunnan Institutt for Nasjonale Minoriteter, Kina

oppholder seg i tidsrommet 3. - 20. mars som gjesteforsker ved Samisk-etnografisk avdeling, Tromsø Museum.

Wang Ningsheng er arkeolog, og har særlig arbeidet med historien og forhistorien til etniske minoriteter i Sør-Vest-Kina. Ett av hans spesialfelt er hellemalinger. Formålet med Norgesbesøket er å studere helleristnings-forskning og lære om samisk kultur.

I denne sammenheng gir han fire forelesninger ved Universitetet i Tromsø. Forelesningene vil bli holdt på engelsk:

is visiting professor at the Department of Sami Ethnography, Tromsø Museum, for the period March 3. - March 20.

Being an archeologist, Wang Ningsheng has primarily been working with the history and prehistory of national minorities in the South-Western part of China. Among his special research interests are rock paintings. The purpose of his research visit to Norway is to study research into rock art, and get some knowledge of sami culture/-cultural history.

During his stay in Tromsø, Wang Ningsheng will be giving four lectures, all in English:

Lecture I & lecture II: **Ethnography of Minorities in China.**
1. A brief introduction to 55 Minority Nationalities in China: Population, distribution, languages, writings, religions.

2. The important materials in the Ethnography of Minorities in China for Anthropological Research.
Tid og sted: Torsdag 12. mars - kl. 12^{15} - 1400, - Auditoriet, Hus 1, Breivika.
Tid og sted: Fredag 13. mars - kl. 12^{15} - 1400, - Rom C - 1007, ISV, Breivika.

Lecture III: **An introduction to Ethno-archaeology.**
Tid og sted: Tirsdag 17. mars - kl. 13^{15} - 1500, - Musésalen, Tromsø Museum/IMV.

Lecture IV: **The New Discoveries of Rock Art: A Cultural Heritage of Ancient Minority Peoples in China.**
Tid og sted: Torsdag 19. mars - kl. 12^{15} - 1400, - Musésalen, Tromsø Museum/IMV.

图七　在挪威特罗姆瑟大学系列演讲海报②

① 《汪宁生集》第四卷，278 页。

② 采自《汪宁生集》第四卷《始信昆仑别有山》，280 页。

6月14日，季羡林先生来信。

《年谱》："8月底，由挪威赴美，在西雅图华盛顿大学人类学系任客座教授一学期，与该校教授合开东南亚和西南中国史前史、民族学、民族史和语言学等课程。"

10月6日，正式在华盛顿大学人类学系上课。

《始信昆仑别有山》1992年10月6日：

> 今日正式上课。
>
> 来此近一月，对华盛顿大学略有了解……
>
> 人文科学方面以国际研究颇为有名。此次应人类学系之聘，而资金却由杰克逊国际研究学校的中国研究项目提供。每隔半月要去该校办公室领取一张支票。
>
> 今日收到课程表。课程名称颇长，称为"西南中国和东南亚：史前史、民族史和民族学"，共分十讲，与斯蒂凡及卡尔共同担任。我已写好提纲及提出参考书目。不是独自上阵，无须过分紧张矣。本课还拟请其他学者演讲，如"民族分类"拟请本校的凯斯（C. F. Keyes）教授担任。他研究 ethnicity 问题颇为著名，来后曾请我吃饭并交流意见。
>
> 第一讲《序论》，今已顺利进行。听讲者约20人，包括日本来的访问学者及中国留学生。①

10月10日，参观印第安人文化中心，见到一种美国境内印第安人模仿过去龟甲响器制成的工艺品，先生以为"可以解释大汶口文

① 《汪宁生集》第四卷，367～368页。

化等处出土同类物用途，大快!”①

10月29日，在杰克逊国际研究学校作题为《中国西南少数民族生态学遗产》之公共演讲。

《始信昆仑别有山》1992年10月29日：

下午在杰克逊国际研究学校作公共演讲，原报告题目为《民族考古学在中国》，已列入该校本学期计划且已公布，因准备不及，改为《中国西南少数民族生态学遗产》。听者二十余人。②

10月，郭大烈主编之《纳西族研究论文集》出版，收录先生《纳西人源于羌族之新证》一文。

是年秋，在华盛顿获读《顾颉刚读书笔记》（台湾联经出版公司，1990年），获益良多，摘录可说明顾颉刚最后三十年工作和思想情况的材料。

《以治学为职业 作真实之贡献——读〈顾颉刚读书笔记〉有感》：

《笔记》约四百万字，由台湾联经出版公司印行。1992年秋，我应邀在华盛顿大学教书，才得接触这部煌煌巨著。旅居异邦，课余多暇，这部笔记乃成为我经常翻阅的重要读物。当时曾抄摘其中足以说明顾先生这几十年思想和工作情况者，准备与海外朋友共同商讨。③

① 《汪宁生集》第四卷，368页。

② 《汪宁生集》第四卷，369页。

③ 《汪宁生集》第一卷，523页。

12 月，《南诏大理文物》出版，收录先生《〈南诏图传〉考释》一文。①

是年，先生被遴选为享受国务院特殊津贴专家。②

是年，蔡葵发表《论中国民族考古学的形成和初步发展》（《思想战线》1992 年第 4 期）一文，对先生在民族考古学领域的贡献作了翔实的评介。

1993 年　癸酉，64 岁

《年谱》："1 月，由美经香港回内地。"

5 月 8 日，华裔旅日学者王孝廉来信。

5 月 7 日—9 日，"顾颉刚先生诞辰一百周年学术讨论会"在苏州大学举行，先生与会，提交《以治学为职业 作真实之贡献——读〈顾颉刚读书笔记〉有感》一文。③ 会议期间，结识唐德刚先生。④

5 月 28 日—30 日，赴北京大学参加"迎接二十一世纪的中国考古学"国际学术讨论会，并在会上宣读《再谈民族考古学》论文。

6 月，《毕摩文化论》出版，收录先生《彝族的羊骨卜——再论古代甲骨占卜习俗》一文。⑤

10 月 31 日，《中国文物报》刊出张光直《建议文物考古工作者熟读民族学》一文，将先生对八卦和骨卜的研究称为民族考古学上最好的例子。

---

① 云南省文物管理委员会编：《南诏大理文物》，北京，文物出版社，1992。

② 《云南民族大学 60 年（1951—2011）》，342 页。

③ 《汪宁生集》第一卷，523 页。

④ 汪宁生：《关于开展口述民族史研究之我见》，见《口述民族史》（第一辑），1 页，昆明，云南人民出版社，2014。

⑤ 左玉堂、陶学良编：《毕摩文化论》，昆明，云南人民出版社，1993。

张光直《建议文物考古工作者熟读民族学》节录：

文化人类学（或称社会人类学、民族学）研究全世界各种不同文化习俗与社会制度，具备所有种类的蓝图，这些习俗与制度，在考古遗址里面，只有一点物质痕迹残留。不熟知文化人类学的考古工作者，很自然地将这些遗物只当作物质文化处理。熟知各种习俗制度蓝图的考古工作者，便有可能根据残存的部分将全部习俗或制度复原。在中国考古学上最好的例子，是汪宁生先生对八卦和骨卜的研究。西南少数民族里有用竹签占卜的，他们占卜的方式，可以解释八卦的形状。又有用羊肩胛骨占卜的，他们解读卜兆的方法，也可能是殷商卜人的方法。①

1994年　甲戌，65岁

1月19日，著名考古学者张忠培在台北“中央”研究院历史语言研究所主办的“海峡两岸考古学与历史学学术交流研讨会”上宣读《民族学与考古学的关系》一文，从考古学本位出发，对《民族考古学论集》中《仰韶文化葬俗和社会组织的研究——对仰韶母系社会说及其方法论的商榷》及《彝族和纳西族的羊骨卜——再论古代甲骨占卜习俗》二文的类比研究提出批评。张氏认为“民族考古学”不是民族学和考古学结合产生的新学科，因为它缺乏自身的研究对象。

张忠培《民族学与考古学的关系》内容提要：

民族学与考古学同属于广义的历史学，是相互区别的

① 张光直：《建议文物考古工作者熟读民族学》，见《考古人类学随笔》，112～113页，台北，联经出版事业公司，1995。

独立学科。本文的目的，是检讨应用民族学资料、认识类比考古学资料、认识的实质含义，和民族考古学的意义。

考古学和民族学在研究同一人们共同体的相同或不同时期的社会，或人类社会历史一般进程时，各自提供的资料及认识，无疑，彼此之间具有互补性功能。

民族学观察的是“活的社会”，考古学研究的是已消失的社会的遗存。因之，在开阔视野、启迪思维及推动进一步研究方面，民族学之于考古学，较考古学之于民族学，起着更大的作用。

将民族学资料及认识类比考古学遗存以探讨考古学问题时，民族学资料也只居外证或辅证的地位。作为内证、主证的考古学资料难以充分说明自身时，以民族学资料进行类比研究，并不能解决考古学要求解决的任何问题。或者，在考古学资料能自我解释时，一是无需再用民族学资料进行类比，二是在正确的类比情况下，也只能起助兴的作用，三是不遵循考古学现象自身显示的逻辑而进行的民族学类比，结果是给考古学带来了混乱。

古籍记载的人们共同体，是否等同于考古学或民族学区分的人们共同体，需作具体求证。只有年代、地理位置及文化特征基本相同时，才能将考古学文化比定为古籍中的人。为此，需各自先作些疏理、考证，以搞清它们及与其相关的人们共同体的时空框架。中国东北诸考古学文化比定为古籍中的人的研究，可作此例证。

本世纪六十年代出现的新考古学，提出了民族考古学概念，认为是考古学的一个分支学科。

然而民族学和考古学的类比研究，在类比适当的情况下，只具辅证或外证的功能，它的成果只能丰富认识对考古学研究对象的论证。如类比不当，则是不能结合的。

提倡民族考古学的学者，是盼望考古学“见物见人”。这无可非议。然而，他们对考古学的历史、现状及潜力，缺乏正确的认识，或者，是不认识各个学科均存在天生的局限性的情况下，对考古学提出了过高的要求。①

2 月，魏桥主编《国际百越文化研究》出版（中国社会科学出版社，1994 年），收录先生《河姆渡文化的“骨耜”及相关问题》一文。

3 月，《释大汶口等地出土的龟甲器》发表于（台湾）《故宫文物月刊》（第 132 期，1994 年 3 月）。

10 月，《说田猎》收录于《王玉哲先生八十寿辰纪念文集》②。

是年，《易洛魁人的今昔——兼谈母系社会的若干问题》发表于《社会科学战线》（1994 年第 1 期）；《以治学为职业 作真实之贡献——读〈顾颉刚读书笔记〉有感》发表于《中华文化论坛》创刊号（1994 年第 1 期）。

1995 年　乙亥，66 岁

《年谱》：“继续写《古俗新研》及完成其他未竟之作。”

4 月 2 日，马思中（Magnus Fiskesjö）博士来信，说五月底有机会到云南，希望能于六月初拜访先生。③ 按：先生与马思中博士之相识与相交，盖即始于本年。

---

① 臧振华编：《中国考古学与历史学之整合研究》，45 ~ 46 页，台北，“中央”研究院历史语言研究所，1997。

② 南开大学历史系编：《王玉哲先生八十寿辰纪念文集》，天津，南开大学出版社，1994。

③ 《汪宁生集》第四卷，567 页。

6月2日，刘敦愿先生来信，说："大作《民族考古学论集》收到多年，其中大半旧日已经拜读（有的在考古学年会亲聆教言），深佩历史文献、考古、民族三种资料结合之默契，融会贯通，颇多高见。"又说："阁下于文献、考古资料外，大量古今民族资料更是如数家珍，随手拈来，皆尽成文章，优为之，而且大为之可也。"①

7月30日，张忠培《民族学与考古学的关系》一文在《中国文物报》刊出。

8月，《中国古代婚俗丛考》发表于《民族学与民族文化发展研究》。②

11月20日，先生受聘为云南省文史研究馆馆员。③

张勇《先生出处重斯文》：

文史研究馆馆员由政府首长礼聘，能享有这一荣誉称号的，是全国和地方德才望兼备或立于学术或长于丹青的耆年硕学。④

王国祥《风范长存说宁生》：

在云南学术界，汪宁生名声响亮，惜乎无缘谋面。直到1995年，他和我同时被云南省人民政府聘为省文史研究馆馆员，在11月20日省长颁发聘书的典礼上才得会晤。以后相处日久，逐渐熟悉起来。⑤

---

① 《汪宁生集》第四卷，550页。

② 马启成、白振声主编：《民族学与民族文化发展研究——庆祝林耀华教授从教六十二周年纪念文集》，北京，中国社会科学出版社，1995。

③ 云南省文史研究馆编：《云南省文史研究馆馆员名录》，268页，昆明，内部资料，2004。

④ 《先生之风》代序二，2页。

⑤ 《云南政协报》，2014年10月16日。

1996年 丙子，67岁

3月，《文化人类学调查——正确认识社会的方法》由文物出版社出版。全书分为十三章：第一章《导论》，第二章《方法论（上）》，第三章《方法论（下）》，第四章《环境》，第五章《生计》，第六章《传统技艺》，第七章《经济》，第八章《社会结构》，第九章《政治》，第十章《宗教》，第十一章《科学知识》，第十二章《艺术》，第十三章《生命周期》。

《文化人类学调查·序言》：

这些年来，曾在云南民族学院和中国科学院昆明植物研究所为大学生或研究生讲授《民族学调查方法》、《文化人类学概论》之类课程。这本小书便是取历次讲稿有关部分修改而成。

此书介绍的只是有关文化人类学田野工作的基本常识，都是西方人类学教科书或方法论著作①中经常提到的。假如其中多少也包括一些新的东西，那就是把这方面知识加以系统化，使适合中国人的需要；顺便对中国近四十年民族调查或社会调查，提出了自己的评价；介绍了自己在西南少数民族地区调查的经验和教训；举例说明问题时尽可能结合中国情况，而不是全用国外民族志的材料。我于文化人类学只算是“半路出家”，兴趣不小，基础甚差。故上述这些属于个人“即兴发挥”部分，是特别要请同行和读者指正的。

这本小书为要在中国大地上做调查的人而写，内容偏重于前工业社会。即假定田野工作者走向一个少数民族地

① 本书参考过的，悉见参考书目。除直接引文外，不一一注明。——原注

区或内地一个偏僻农村或乡镇，应如何开展工作，如何观察和询问，以及应注意哪些问题。中国各族近四十多年来经历了剧烈的变化，当前正或快或慢地走向工业化和现代化；然而在我看来，固有的社会结构、特别是思想观念，在很多地区并非完全消逝。例如，当前社会上危害甚大的“关系学”现象，实际上便是中国人重视亲属关系及乡谊固有观念的恶性发展；而几千年来一直作为中国社会基石的父系世系群（家族），至今仍在某些农村握有实际政治权力，妨碍国家政令的认真执行。①

经常有人怀疑，文化人类学调查对当今中国尚有何用。其实，其用处即在于可以帮助人们正确观察和认识社会。当前中国许多社会问题，实有赖于从中国文化传统中寻求答案；而我们对中国的事情了解实在太少，缺乏深刻的认识。更重要的是文化人类学虽有若干可以应用的部分，主要仍是一门基础科学。像其他基础科学一样，它具有长远的学术的意义。当前中国社会有一种风气，似乎不能赚钱的事业，就没有存在的必要。这样，基础科学便遭厄运。大学系科改换名称，研究机构改变方向，还美其名曰“适应市场需求”。笔者鄙陋，多少也曾接触过市场经济发达的西方社会。那里金钱至上，然对基础科学从不以金钱来衡量其价值。虽然经费短缺、求职困难也是普遍现象，还未

① 云南沪西县有一个村寨（我曾下放那里达三年之久），家族之间斗争从未间断。一族掌权，常利用政治运动整治其他家族的人。又最近报载，甚至象湖北、山东这样不算偏僻的省区，有些农村基层政权至今仍为某一家族把持，异族人的子弟考学校也遭阻难。又有人调查 160 家乡镇企业，其领导者之间有血缘关系者竟占 95%（见《光明日报》1993 年 10 月 30 日；《南方周末》1994 年 5 月 6 日）。——原注。

听说有哪个主张人类学可以取消的。

总之，文化人类学的知识是有用的，其调查工作当然是必要的。问题在于如何调查，能否坚持客观的态度按照科学程序办事（参见本书第一章）。假如这本小书能对那些有志于为深入认识中国社会实际进行调查的人们（哪怕只有几个人），多少有所帮助，将是笔者莫大的荣幸。

本书写作过程中，承谢国先、王东昕、熊兴诸位先生绘制图表，代为查阅资料或誊抄原稿；又我曾以本书部分内容，先后在中国社会科学院民族研究所、中央民族学院民族学系文物干部进修班、南京大学、四川大学、郑州大学和陕西师范大学的考古专业和历史专业等处讲演，朋友们提出问题，对我多有启发。在此一并表示感谢。

最后要特别感谢我接触过的少数民族人民。没有他们的慷慨帮助，我不可能学做文化人类学调查，也就不可能想起写这本关于调查方法的书。祝愿他们经济发展，生活改善，而又能保存原有的一切美好事物。他们应成为社会进步的受益者，而不能像世界有些后进民族那样成为“进步的牺牲品”。①

王建民、张海洋、胡鸿保《中国民族学史》下卷：

1996 年，文物出版社出版了汪宁生所著的《文化人类学调查——正确认识社会的方法》，贵州民族出版社也出版了由青年学者刘峰著的《民族调查通论》。这两部著作都注意将方法论与本人的田野工作实践结合起来进行论述，没有满足于国外的有关文化人类学著作中的田野方法一般移

① 汪宁生：《文化人类学调查——正确认识社会的方法》，1 ~ 2 页，北京，文物出版社，1996。

植，力图进行更多结合中国实际的分析。前一著作的作者由于有着更久的田野调查的经历，参照了国外有关论述的框架，在理论评述、材料阐发等方面似乎更是驾轻就熟，并根据亲身经历，对中国近40年的民族调查或社会调查提出了自己的评价，介绍了自己在西南，特别是中国民族学最肥沃的园地之一——云南的调查经验和教训。当然，在知识的系统性和前沿性上，似乎两部著作都还有文章可做。①

王东昕《忆当代著名民族考古学家、文化人类学家汪宁生(1930.5～2014.2)》：

《文化人类学调查——正确认识社会的方法》一书则是他在文化人类学研究理论与方法论发展成就的一次总结，为后学者的成长指明了道路，该书成为国内外一些大学的教科书，同时也被作为开展田野调查中的指导性手册。

3月，《释杭州良渚等地出土的三角形石器》发表于（台湾）《故宫文物月刊》(第156期，1996年3月)。

6月6日—9日，在沧源出席沧源县委、县政府召开的《沧源佤族自治县志》（稿）审评会议。②

段世琳《情在佤山 功在千秋——记汪宁生教授四进沧源考察崖画》：

今年6月初，沧源县委、县政府特意邀请汪教授参加县志稿评审会。他不顾年高体弱和路途遥远之累，欣然应

① 《中国民族学史》下卷，407页。
② 《沧源佤族自治县志》，1023页。

邀出席了会议。在会上，他对近年来佤山的变化和取得的成就表示祝贺，并对《沧源县志稿》注重突出地方特点和民族特点，把沧源崖画作升格详述表示满意。他还通报了国内外专家、特别是国外考古专家对沧源崖画关注的信息。①

《沧源佤族自治县志》（稿）审评会议结束后，先生又到勐乡崖画第一地点考察。

段世琳《情在佤山 功在千秋——记汪宁生教授四进沧源考察崖画》：

汪教授终于走到了他当年到达的崖画点“帕典姆”。当笔者看到他站在崖壁脚聚精会神地仰头饱览崖画时，他不停地用手帕揩着脸颊和脖子上的汗水，上衣已经湿透。

汪教授应大家的请求，讲解了崖画图的内容、结构、特点和价值等。他说：“沧源崖画图像的最大特点是带有故事性，这是为国内外任何崖画所不及的。我们应加强对沧源崖画的保护、宣传和研究工作，进一步提高它在国内外的知名度，为发展民族文化做出新贡献。”他在回答佤族学者提出的“崖画上有没有饮水酒图”的问题时，指着牛角图像风趣地说：“崖画人物图像中，特别是祭祀图，手拿牛角的很多，我看可能有装水酒的！”他的话引得大家一阵满意的欢笑。认真思考一下佤族水酒起源的传说故事和以牛角杯斟水酒敬贵客礼俗的存在，汪教授的回答使人回味无穷，再受启迪。既有神话故事的韵味，又有历史的根据，

① 《汪宁生集》第四卷，605 页。

拓宽了人们的思路和知识面。①

7月，《酒与少数民族》收录于《中国人类学的发展》。②

《年谱》："8月，赴荷兰莱顿参加欧洲东南亚考古学家协会第六次会议，宣读论文《中国西南高地上一个被遗忘的土著政权》，以碑刻资料论述彝族水西土司政权之形成及其政治制度。"

按：据《始信昆仑别有山》，先生于8月29日抵阿姆斯特丹，31日抵莱顿，9月2日大会开幕，9月6日闭幕。

9月5日下午，在莱顿大学欧洲东南亚考古学家协会第六次会议上宣读论文。中国仅先生一人参加此次会议。

《始信昆仑别有山》1996年9月6日：

昨下午做报告，题为《中国西南高原上一个被遗忘的王国》，介绍黔西北彝族发现之碑刻，讨论其上汉彝文内容不同及其原因，听者二三十人，提问题者五人。③

11月，应北京大学历史系教授吴荣曾约稿，《读〈伐檀〉偶识》收录于《尽心集——张政烺先生八十庆寿论文集》。④

是年，《以驯鹿为生的沙米人——兼论游牧社会若干问题》发表于《社会科学战线》（1996年第5期）。

---

① 《汪宁生集》第四卷，605~606页。

② 陈国强、林加煌主编：《中国人类学的发展》，上海三联书店，1996。

③ 《汪宁生集》第四卷，265~266页。按：《中国西南高地上一个被人遗忘的土著政权》与《中国西南高原上一个被遗忘的王国》应是同一英文论文的异译，但此文迄未发表，似是未定之稿。

④ 吴荣曾主编：《尽心集——张政烺先生八十庆寿论文集》，北京，中国社会科学出版社，1996。

是年，在云南省文史馆作《考古发现与云南古史》专题报告。

1997 年　丁丑，68 岁

4 月 2 日，马学良先生来信，称《文化人类学调查——正确认识社会的方法》“是我近几年所读之书中的一本不忍释手之作，特别是为人类学初学者提供正确认识社会的方法论，这是当今之世少有之书，反而是特别需要的书”。①

6 月 16 日，《云南民族报》刊载木基元《文化人类学家的使命——读汪宁生教授所著〈文化人类学调查〉》一文，认为《文化人类学调查》“对于正在从事或有志于从事田野工作的人们，无疑是一本必不可少的专业书籍。它可以引导你循序渐进地遨游在田野调查的领域，助你正确认识社会，并以高度的责任感去完成一个文化人类学家的使命。”

6 月 30 日，著名考古学家苏秉琦在北京病逝，享年 88 岁。

7 月，臧振华主编《中国考古学与历史学之整合研究》出版（台北“中央”研究院历史语言研究所，1997 年），收录张忠培《民族学与考古学的关系》长文。

9 月，《释“辛”》繁体字本发表于（台湾）《故宫文物月刊》（第 174 期，1997 年）。

《年谱》：“11 月，偕妻赴美，就养于巴尔的摩长子歌寓所。”

12 月，《西南访古卅五年》由山东画报出版社出版。全书十二章：第一章“访问古代羌人的直系子孙”，第二章“看当代的‘贞人’行卜”，第三章“凭吊一个被历史遗忘的‘王国’的废墟”，第四章“勘测南诏大理国的‘城镇’”，第五章“在喇嘛寺中作客”，第六章“一个保存原始自由婚姻的社会”，第七章“观察远古取火

① 《汪宁生集》第四卷，546 页。

法”，第八章“学习原始制陶术”，第九章“深山密林觅崖画”，第十章“居住在‘长房’之中”，第十一章“未为世人所知的族群”，第十二章“仍在使用铜鼓的民族”。“自序”云：“此书为笔者在中国西南边陲从事考古学及民族学调查期间日记之选辑。对笔者而言，民族学调查仍为搜集资料研究中国古史及考古学问题，故名《西南访古卅五年》。”

《西南访古卅五年》内容简介：

此书为作者几十年间在中国西南民族地区调查时所写日记之选辑。作者酷爱自己的专业，很有悟性，在调查中可谓处处留心，而且又擅长描写，因此使日记读来饶有兴味，常有一些具体事例和心得令人为之叫好。西南边陲各民族的生活方式、风俗民情，作者调查过程中的历险、艰辛和趣事，以及当时调查工作所留下的时代烙印——这一切，既具丰富的文化内涵，又有着浓郁的传奇色彩，为我们了解、感受那片神奇的土地提供了很好的资料。70 多幅现场照片，令人读之备觉真切和生动。①

在 1996 年初夏写成的本书自序中，先生回顾在西南大地做民族调查之经历，感慨此生并未虚度。

《西南访古卅五年·自序》节录：

岁月蹉跎，30 多年转眼而过。初来云南还算年轻，今已白发满头。毕生精力，悉耗于兹。为寻崖画，在沧源露宿荒山；为访彝家，在巧家险坠大江。深夜自思，此生如

① 汪宁生：《西南访古卅五年》，济南，山东画报出版社，1997。

此辛苦，究竟所为何来？著书作文现有几人愿读？辄怅然若失。但回忆调查期间，得以遨游西南大地，饱览奇异景色，接触不同文化；若获新鲜材料，破解疑团，更有无限乐趣在！又觉此生并未虚度，可以无怨无悔。此种心境已非近年闭门造书以博头衔之时髦“学者”所能体会。①

是年，《考古发现与云南古史》发表于《云南文史丛刊》（1997年第1期）。

是年，《香港金石录要》发表于《云南文史丛刊》（1997年第2期）。文章著录香港古代金石碑文十通，并对录文内容略作考释，或考证年代，或阐述背景，或指出历史价值。

《香港金石录要·序》：

1985年以来，我应香港人类学会、香港大学、香港中文大学、亚洲历史学家第12届国际会议之邀请，曾四度访问香港。香港文史界重要人士多得结识，切磋交流，收获良多。

珠海大学教授萧国健博士，研究南方民族史著名学者罗香林教授之高足，毕生从事香港地方史及地方掌故资料之搜集和研究，与我交往尤多。我四次过港，均曾作竟日之长谈，赠我以新作，或以所搜集之文物资料见示。我始发现，香港地区虽僻处海隅边陬，实早沐华风，古代香港文化与中原文化并无二致。而港地文物资料大部分乃近二三十年新发现者，古代金石学家固无著录，考古刊物亦不见报导，至今尚未为国人所知。

① 《西南访古卅五年》，2～3页。

众多文物古迹散布港龙各地，我无法一一亲睹。旅港期间曾就萧君所搜集，选其镌有文字、年代可靠者加以抄录，聊备自己参考。今年寒假多暇，从旧纸堆中检寻得当日笔记整理成篇，以应《云南文史丛刊》庆祝九七香港回归征文，或可供了解香港历史之参考。间加按语，纯属个人观感。所录尚不完备，故题名《香港金石录要》云。

是年，《做好调查工作是提高中国民族学水平的关键》发表于《民族学通讯》（第131期，1997年）。

是年，写成《阴阳浅说》初稿。

1998年 戊寅，69岁

2月6日，在哈佛大学皮博迪博物馆午餐演讲会作“中国的崖画研究”报告，到会者20余人。此为先生第三次应邀访问哈佛。①

4月，《再谈民族考古学》收录于《“迎接二十一世纪的中国考古学”国际学术讨论会论文集》，文末附有英文摘要。

Further Discussions on Ethnoarchaeology:

In his last paper, “A Discussion of Ethnographic Archaeology”, published in An Anthology of Essays on Ethnological Archaeology (Wenwu Chubanshe, 1989), the author discussed the definition, history, scope and research methods of this field of study, and the research work conducted in ethnological archaeology in China over the past thirty years. He also discussed the methods used to study the history of the Central Plain area by

① 《汪宁生集》第四卷，374页。

comparing it with the current situation in remote areas.

In this paper, the author presents new material on both existing problems and new areas of research in the field. He believes that the scope of research is at present too limited because attention is focused too narrowly on the use and means of production of unearthed relics. He believes that ethnological archaeology has wider applications in archaeological research, including technology and production; life styles; social systems; witchcraft (shamanism) and art; and archaeological excavations. The author also introduces the research work and experiences of Western scholars in the field. He believes that if archaeologists pay attention to the methods of ethnological archaeology, progress will be made in the debates over the origins of civilizations and the formation of states. The author also suggests that in future studies, current methods that depend on formal analogy should be changed in favour of relational analogy. Given the large amount of data available on Chinese archaeology and the fact some of the nation's minorities still live a hunting – and – gathering, or slash – and – burn excise, the author believes that ethnological archaeology has very good prospects in China. ①

《年谱》："5 月，应联合报系文化基金会邀请，由美赴台湾访问，任‘中央’研究院历史语言研究所访问学者。"

① 北京大学考古学系编：《"迎接二十一世纪的中国考古学"国际学术讨论会论文集》，354~355 页，北京，科学出版社，1998。

5月15日，在台湾政治大学参加两岸少数民族学术研讨会开幕式。①

5月25日，杜正胜撰《汪宁生教授〈古俗新研〉读后》，向读者推荐即将出版的《古俗新研》。文章认为，与《民族考古学论集》相比，《古俗新研》"同样利用民族学的知识来解答历史文献和考古资料所涉及的中国古代社会和文化的一些问题，基本学风还是一贯的，不过牵涉的知识面较前为广，提出的问题比以前也更灵活。整体来说，虽然写作的形式不如《民族考古学论集》之学术性，但却更能触及中国古代社会和文化的核心"。作者高度评价《古俗新研》的学术意义，认为本书"为民族、历史与考古三门学问之会通树立一个典范，也为礼俗史的研究开启一条途径"。②

5月26日，在台湾大学人类学系演讲，题为"中国崖画的发现和研究中存在的问题"。会见台湾考古学家宋文薰、黄士强等。③

5月28日，参加"中央"研究院历史语言研究所座谈会，作主要发言。

《始信昆仑别有山》1998年5月28日：

> 史语所座谈会，主题为《人类学与史学》，作主要发言，次由王明珂、何翠萍及甫由英国学成归来一位女博士作补充发言，杜正胜所长主持座谈会，管东贵及桑秀云等20余位学者或学生参加。
>
> 发言毕，有人提出不同意见，略谓"类比是危险的"云云。④

① 《汪宁生集》第四卷，492页。
② 《汪宁生集》第四卷，586~587页。
③ 《汪宁生集》第四卷，494页。
④ 《汪宁生集》第四卷，496页。

5月，在台北南港“中央”研究院，写成《古俗新研》序言。

《年谱》：“6月，赴马来西亚参加太平洋及亚洲地区史前学会（IPPA）第十六届会议。宣读《傣族制陶的民族考古学研究》论文。”

6月3日，在位于台湾新竹市的清华大学作“铜鼓、岩画与贝币”演讲。

《始信昆仑别有山》1998年6月6日：

3日去“清华大学”演讲，题为《铜鼓、岩画与贝币》。魏捷兹、何翠萍夫妇组织安排，人类学系主任庄英章先生主持。要求讲的内容太多，讲了100分钟，超过时间，殊为汗颜。①

7月1日下午，在太平洋亚洲史前学会（IPPA）第16届会议第13组宣读《云南傣族制陶的民族考古学研究》论文。

《始信昆仑别有山》1998年7月1日：

清晨四时始抵马六甲。

一夜未得好眠，头昏脑涨。报到时见日程安排，讨论民族考古学第13组竟改在今日下午开会，且安排我第一个发言，不得不匆促准备。

下午发言，题为《云南傣族制陶的民族考古学研究》。主持者恩格尔哈特（Richand Engelhardt）博士，略谓某某为著名学者，由他第一个发言殊为适当云云。听者40～50人，有人站立后排。发言后前来握手致意者7～8人，要论文者5～6人。但最后提问仅一人，问陶土是否需加掺

① 《汪宁生集》第四卷，500页。

合料。

本组有美国学者莱弗茨（Leedon Leffers），正从事东南亚制陶之全面研究，有一个大的项目，已进行多年。另一位美国女学者雷斯（Charlotte Reith）专门研究缅甸原始制陶。他们对我报告尤感兴趣，各出论文相赠。①

《始信昆仑别有山》1998年7月2日：

今日民族考古学组发言结束。郎安克教授作总结发言，略谓汪教授昨日报告使我们大感兴趣，但不同意我某些观点。②

7月16日，台湾张逸东来信。

宁生教授道鉴：

承赠《西南访古卅五年》，十分感激。先生在台期间，弟仅略尽地主之谊，招待不周之处，尚请海涵！

拜读大著，感动、佩服、羡慕兼而有之。卅多年岁月，固弹指而过，惟大江南北阅遍，少数民族文化了如指掌，此等经历，几人能够？谓之为福气，亦不为过，何怅然之有？“金陵子弟江湖老”！凡人皆如此。西南访古卅五年，当作皓首穷经实相去不远，只不过此经是“活经”而非“死经”而已！总而言之，对先生专注一事而斐然而成，至感佩服。

日记乃一个人内心最真实之纪录。《西南访古卅五年》一书，处处流露先生对人文之关怀，真实反映先生之人格

① 《汪宁生集》第四卷，435页。

② 《汪宁生集》第四卷，436页。

也。如皮夹失窃，失而复得后，犹惦系偷皮夹之小孩，谓“其情可悯”，担心其“不知将遭何等处分”。此等注录，虽无关民族调查之学，不过，小处见大，作者予人之形象，在此处反而显得更为真切而感人。

中甸归化寺前旧照，可见先生当年英气，“翩翩一公子”耳。遥想当年，埋首边陲探察考古，蔚然成一家之言，以先生人生之抱负言，真可以“无怨无悔”名之！切望续编早日付梓，并先睹为快。日后如有游历昆明之机会，定当面请益。

耑此

时绥

弟　逸东拜启

98年7月16日①

9月，《谈史前器物用途的研究》收录于《史前研究——西安半坡博物馆成立四十周年纪念文集》。②

《年谱》：“是年，次子鲸获美国霍布金斯大学天体物理博士学位。”

是年，先生退休。

徐杰舜《民族学考古学本是一家——云南民族大学汪宁生教授访谈录》：

汪宁生先生：我是1998年68岁退休的。

① 《汪宁生集》第四卷，560页。

② 西安半坡博物馆编：《史前研究——西安半坡博物馆成立四十周年纪念文集》，西安，三秦出版社，1998。

1999年　己卯，70岁

6月23日—7月2日，中华人民共和国教育部第四届社会文化人类学高级研讨班暨国际学术会议在昆明连云宾馆举行，先生在会上作“民族考古学在中国”报告。

木基元《中国民族社会学学科发展的新动向——教育部第四届社会文化人类学高级研讨班侧记》：

新学科、边缘学科的加盟丰富了这次学术研讨活动的内涵。著名的民族考古学家汪宁生教授在“民族考古学在中国”的讲演中，对民族考古学的定义、民族考古学方法论的要点以及中国民族考古学的现状和未来作了精彩的论述，“礼失而求诸野”，严谨周密地从考古学的角度展示了文化人类学研究的新空间。①

周星、和少英《拓展民族研究和社会文化人类学研究的新空间——教育部第四届社会文化人类学高级研讨班暨国际会议综述》：

汪宁生教授（云南民族学院民族研究所）在题为“民族考古学在中国”的学术报告里，给“民族考古学”作了非常明确的定义，不仅澄清了一些可能的误解与混乱，同时还就民族考古学的方法论原则作了清楚阐述。他指出，民族考古学保持其科学性的基本前提，乃是民族考古学家亲身参与田野调查，在前工业状态的“活的社会”里寻求可资类比的物质材料，然后依据“类比”、“假设”和“验

① 载《民族工作》，1999（8）。

证”的方法论规划从事态度严谨的具体研究，以解决考古的问题。在列举了若干研究实例后，汪教授对“民族”与“文化”的关系做了分析，认为两者的边际通常并不是完全重合的。此外，作者还对一般的“民族志类比”与“民族考古学”的区别，作了明确阐述。鉴于民族考古学在我国社会文化人类学知识谱系中自成传统且有重要的地位，因此，汪先生的学术见解同样应引起学界的重视。①

《年谱》：“是年开始整理海外游学日记。”

是年，《从傣族制陶看陶轮的起源》发表于《广西民族学院学报》（少数民族科技史研究专辑，1999年）。

11月，张纯德《云南彝族氏族谱牒译注》出版，先生为之作序。②

2000年　庚辰，71岁

1月，写作《事物的起源》再版后记。

2月，译著《事物的起源》修订本出版（敦煌文艺出版社，2000年）。先生在后记中指出，《事物的起源》出版至今已有五十年，某些章节的内容及论点难免显得陈旧和过时，但本书的研究方法和贯穿全书的中心思想具有永恒的价值。

《事物的起源·再版后记》节录：

如上所述，本书部分章节现在读来已有过时之感，但仍包含不少精辟的见解，具有参考价值。特别是贯穿全书

① 载《云南民族学院学报》，1999（6）。
② 张纯德：《云南彝族氏族谱牒译注》，昆明，云南民族出版社，1999。

的中心思想是通过追溯一些重要制度、习俗、生活方式之起源，强调了人与自然之间的和谐发展之重要性，强调了不同民族和文化之间应该相互了解相互尊重，而这些正是人类学的永恒主题，是永远不会过时的。在研究方法方面，尽管当时还没有“民族考古学”这门学科，他已知把考古学和民族志两方面资料有机地结合起来，对史前时期及文明时代初期的人类社会一些重要方面进行复原，提出了不少令人叹服的真知灼见。这对五十年后的今天，几乎所有考古学教科书都有“民族考古学”的专章，而中国考古学界却仍有少数人反对“民族考古学”的存在（见《中国文物报》1995 年 7 月 30 日的文章），本文实有振聋发聩的作用。

更难能可贵的是作者能以有限的篇幅把人类学上的重要问题，作简明扼要的论述并使一般公众易于了解，而且文字风趣幽默，读来仿佛在欣赏一篇篇优美的散文。在同类著作中，仅有 R. 罗维的《文明与野蛮》（已有吕叔湘中译本）可与此书媲美。我认为，直到今天还尚未出现比这两本书更好的深入浅出的人类学著作。今天大家都同意人类学应成为人民大众的人类学，人类学亦须贴近现代生活，假如永远像今天中外新潮人类学著作那样缺乏新鲜材料，却拼命构架自己一套理论体系或模式，整篇堆砌别人莫知所云、自己也未必能说出确切含义的新名词，连同行都不能卒读，人类学又如何能为人民大众所了解呢？①

4 月，与挪威学者勃克曼（Harald Lars Bøckman）走访德宏傣族

① 《汪宁生集》第三卷，725 ~ 726 页。

景颇族自治州，调查盈江县、瑞丽县、畹町镇、潞西县下辖的六个村寨保护生态环境的传统法规。

《年谱》："5—7 月，偕妻再访挪威，参加奥斯陆大学人权研究所研究项目，与挪威友人勃克曼（Harald Lars Bøckman）合作翻译明清碑刻中之习惯法资料。"

《始信昆仑别有山》2000 年 5 月 8 日：

此次来挪无教学任务，专事研究，与勃克曼兄合作择中国民族地区古代碑刻中与保护生态环境有关者译为英文。此为人权研究所有关中国少数民族区域自治研究项目之一部分，而办公室则设于环境和发展中心。两者同为奥斯陆大学下属机构。

今开始工作，进展顺利，一日可译出碑文一通（当然尚待修改），视此进度，不难于三月内完成计划。①

5 月 27 日，出席瑞典隆德大学"西南民族等问题讨论会"，宣读《公元 17—19 世纪佤山汉移民民族认同的变迁》论文。②

《年谱》："7 月，赴土耳其南部海滨度假，遍访希腊罗马古城遗址。是月底归国。"

9 月，《阴阳浅说》收录于《史前研究》。③

11 月 15 日—12 月 1 日，与勃克曼到川滇大小凉山（四川凉山彝族自治州及云南宁蒗彝族自治县）调查彝族保护生态环境的传统法规。

---

① 《汪宁生集》第四卷，288 页。

② 《汪宁生集》第四卷，298 页。

③ 西安半坡博物馆编：《史前研究》，西安，三秦出版社，2000。

11月27日，著名人类学家林耀华先生在北京逝世，享年90岁。

是年，《释“小臣”》发表于台湾《故宫学术季刊》第十八卷第一期（2000年秋季号）。

是年，写成《自编年谱》初稿；并与勃克曼合作写成 *Traditional Regulations on Environmental Protection in Recently Discovery Stelae Inscriptions in Autonomous Area in Yunnan* 论文。

2001年　辛巳，72岁

3月，《古俗新研》繁体字本在台湾出版（兰台出版社，2001）。本书收入论文17篇：1.《明堂考略》；2.《八卦起源》；3.《阴阳观念探源》；4.《耒耜新考》；5.《耦耕别解》；6.《说田猎》；7.《释“武王伐纣前歌后舞”》；8.《读〈伐檀〉偶识》；9.《释“辛”》；10.《释“臣”》；11.《“小臣”称谓之由来》；12.《古代礼俗丛考》；13.《古代婚丧习俗丛考》；14.《初民生活习俗丛考》；15.《原始技术研究札记》；16.《古器物研究札记》；17.《初民时间、空间和数字概念探源》。

繁体字版《古俗新研·前言》节录：

中国史学要想不断取得发展，必须汲取当代社会科学特别是人类学新的研究成果。著名的法国人类学家列维-斯特劳斯（C. Levi-Strauss）即曾提出历史学家和人类学家应通力合作，使这两门学科“相互渗透”（见《结构人类学》一书的序言）。对此我个人的体会是史学之有赖于人类学之处更多。以中国古史而言，不仅需要不断学习人类学新的理论，以正确观点观察古代社会和分析问题；而且需要利用人类学各个分支所发现和积累的资料来滋养自身和启发新知。考古学的发掘可为古史研究提供新的实证，语言学的分析可为古史研究（特别是民族历史及社会习俗等问题）提供有用资料，固不待言，即民族学（文化人类学）调查来的资料，也可供研究古代社会和文化进行类比。研究中国古史现在已不再限于王国维先生“二重证据法”，而应提倡“三重证据法”（文献、考古发现和民族学资料），甚至“多重证据法”，即有关学科所能提供一切证据均可利用。关于后进民族保存的制度和习俗有助于理解和复原古代制度和习俗，人们对此早有认识。二千多年前中国先哲即曾提出“礼失而求诸野”的方法（见《汉书·艺文志》），但究应如何运用这一方法于史学研究，并未留下系统论述，全靠研究者自己不断探索，积累经验。

我个人几十年来在中国西南地区从事民族考古调查研究工作。在调查过程中曾有意识地从“活的社会”中搜集和积累有助考史的有用资料，针对中国古史中长期聚讼的疑难问题（明堂、八卦、耒耜、耦耕、媵、分胙、献帛、左衽……），进行专题研究，常得到与前人不同的合理解释。研究范围殊为广泛，除上述古代社会、宗教、礼俗等重大问题外，还涉及日常生活、远古技术及古器物制造和用途等等前人不甚注意的方面。这些“小问题”似乎繁琐零碎，而今后若要全面复原古代中国社会生活，却是必须了解清楚的。现在把这些长短不一的文字编辑成集，为今后编写一本详明可靠的中国社会史或文化史做点打基础的工作。更重要的是为了提倡一种新的历史研究法，表明利用民族学资料（当然也要参考考古资料）研究古史，是大有可为的。

本书部分文字还表明，有些被视为“国粹”的典章制度和礼俗，实为浅化社会中常见现象，世界其他民族亦有，并无特殊之处。如何对待古史，近几年中国大地上兴起一股浮夸不实的学风。在发扬传统文化藉口下，八卦被视为“中国古代哲学的结晶”，可用来“指导”现代人的生活，甚至还包含有“计算机的原理”；明堂被说成古代“人民大会堂”，作为几千年前中国已有宏伟殿堂式建筑之证明；如此等等，不一而足。而中国传统文化中真正有价值的东西，特别是能较好处理人与人之间、人与自然之间关系的伦理道德和行为规范，却不加提倡和弘扬。史学界竟对五四以来以“古史辨”为代表的科学的治史方法也加以反对，似乎是疑古使中国有文字的历史缩短，便比不上世界上其他文明古国，于是三皇五帝不再是传说人物，他们的故事几成“信史”，各地不惜巨资大修古帝王的庙宇和所谓“陵墓”，而真正有价值的文物古迹却无力保护，盗掘破坏成风。本书的出版希望能发出不同的声音，即史学是科学，应以事实为依据，以探索历史的真实面貌为惟一目标。一切为了宣扬什么主义或配合某种政治目的的史学研究，最终经受不住时间的考验。①

繁体字版《古俗新研》卷首有《摘要》一篇，述本书主旨极精辟，迻录于下：

本书是一本有关中国古代社会史和文化史的论文集。与同类著作相比，本书有一个显著特点，即所有文字都是以自己调查的或前人记录的民族志资料进行类比（analogy）方法而得出结论的。

① 汪宁生：《古俗新研》繁体字版，1～2页，台北，兰台出版社，2001。

大部分论文讨论了中国古史中长期聚讼的疑难问题，往往能作出较为合理的解释。例如，根据作者以上述方法研究的结果，明堂是简单社会常见的集会房屋，这种房屋是“大室无壁”，较一般房屋明亮，故称“明堂”；狩猎多与农业劳动相结合，故狩猎又称“田猎”；八卦中阴阳两爻原是巫师占卜时记录奇数和偶数的符号，而八卦不过是占卜三个奇偶数的排列和组合；媵原是原始婚姻普遍存在的姊妹共夫制（sororate polygyny），只不过涂上了宗法制度的色彩。此外，对于古代礼俗中的分胙、献帛、椎牛祭墓、磔狗祭风等等，作者均提出自己的看法，而且介绍了现今中国西南少数民族仍然存在的同类习俗作为参考。

民族志的类比还可运用于古文字的考释。本书有三篇文字是这方面的尝试。例如，“辛”字过去都认为像黥面工具之形，而根据作者最新研究，“辛”是人形之倒绘，原意死亡，后演变为代表奴隶的符号。这样的解释，对深入理解古代奴隶制度是大有助益的。

本书所收一些短文札记广泛讨论了远古时代日常生活、生产技术、器物用途等问题，多为前人所忽略，却是今后全面复原古代社会生活所必需。

本书之重要价值在于除了提出一种新的历史研究法（即把“礼失而求诸野”付诸实施）外，还提倡一种朴实求真的学风，即对于古史之中未曾解决的复杂问题，应剥去古人和今人的文饰和附会，直探核心，恢复其本来面目。史学应真正成为科学，而不应是政治的工具。”①

① 《古俗新研》繁体字版，1 ~ 2 页。

6月25日，沧源崖画被国务院列入第五批全国重点文物保护单位。

6月，《民族志中之崖葬记录》收录于《龙虎山崖葬与百越民族文化》。①

8月，《汪宁生论著萃编》出版（云南民族出版社，2001年）。本编上卷收书4种：1.《民族考古学论集》；2.《古俗新研》；3.《中国西南民族历史与文化》；4.《文化人类学论集》。下卷收书4种：1.《云南沧源崖画的发现与研究》；2.《云南考古》；3.《铜鼓与南方民族》；4.《文化人类学调查——正确认识社会的方法》。另有序跋、日记、年谱等文12篇：1.《〈至正河防记今释〉跋》；2.《〈云南彝族氏族谱牒译注〉序》；3.《〈白族心史——白古通记研究〉序》；4.《〈民族考古译丛〉编者的话》；5.《〈地球上的人们——世界史前史导论〉（中译本）前言》；6.《〈事物的起源〉（中译本）译者的话》；7.《〈事物的起源〉再版后记》；8.《〈西南访古卅五年〉自序》；9.《西南访古日记选辑》；10.《海外游学日记选辑》；11.《年谱》；12.《本书未收文字存目》。本编出版前经过先生自己认真编选、删改和补充，论文集《民族考古学论集》《古俗新研》《中国西南民族历史与文化》重加编次，篇目与过去大不相同；《文化人类学论集》《海外游学日记选辑》《年谱》均属首次发表。

《年谱》：“2001年，72岁……《汪宁生论著萃编》两卷本出版，共收书八种，凡一百万余字，由启功先生题写书名。”②

11月30日，宋蜀华先生来信。

① 蒋炳钊、石奕龙、黄向春主编：《龙虎山崖葬与百越民族文化》，长春，吉林人民出版社，2001。

② 据《汪宁生论著萃编》版权页所载，全书实为232.3万字。

宁生兄：

您好！

顷收到张桥贵同志寄来的您的大作《汪宁生论著萃编》，十分感谢！

您一生为学，独具心得，见解颇深，每读大作即有收获，不仅我个人，且作为我的研究生的必读之书。今此汇集民族考古、民俗学、人类学以及西南民族历史与文化为一大编，实为嘉惠士林之举，容后细细咀嚼。

特此函谢，并颂

撰祺

蜀华

2001.11.30①

12月13日，写信给宋蜀华先生。

宋先生：

谢谢您的来信。

来信对拙作多有赞许，只能算是对后辈的鼓励。其中错误尚多，敬请今后发现时随时不吝指正。附上勘误表两纸，乃初步发现排印或原稿错误、错字，足见粗心，惭愧之至。

听苍铭夫妇说，您身体甚好，尚能骑自行车，足见平衡能力及体质均好。颈椎疼痛乃伏案工作者常见之病，我也时感不适。近购得按摩椅一具，痛时躺下按摩片刻即感松弛轻松。

① 据原信影印件。

此间一切如常。我之情况亦乏善可陈，原想赴美探亲，“9·11”发生，原计划取消矣！

上月本院校庆，原以为您会应邀参加，竟未见命驾，乃建议科研处将拙作寄上一套，以为纪念。

又前赐下大作，均已收到，获益良多。傣族社会及历史之分析，仍以先生之论最为平实允当。前忘却复函致谢，有罪有罪。

新年将届，祝阖府

新年快乐

后学

汪宁生匆上

2001年12月13日①

12月，《古俗新研》简体字本出版（敦煌文艺出版社，2001年）。收录论文17篇：1.《明堂考略》；2.《阴阳观念探源》；3.《八卦起源》；4.《耒耜新考》；5.《耦耕别解》；6.《说田猎》；7.《释“武王伐纣前歌后舞”》；8.《读〈伐檀〉偶识》；9.《释“辛”》；10.《释“臣”》；11.《“小臣”称谓之由来》；12.《古代礼俗丛考》；13.《古代婚丧习俗丛考》；14.《初民生活习俗丛考》；15.《初民时间、空间和数字概念探源》；16.《原始技术的探索》；17.《史前器物用途用法的复原》。附录2篇：1.《多所见闻 以证古史——记顾颉刚先生对我的启迪和帮助》；2.《以治学为职业 作真实之贡献——读〈顾颉刚读书笔记〉有感》。

是年，《每件事物都有自己的故事》发表于《中国民族博览》

---

① 中央民族大学民族学与社会学学院、中国少数民族研究中心编：《中国民族学纵横》，728页，北京，民族出版社，2003。

（2001 年第 2 期）。此为先生译作《事物的起源》（敦煌文艺出版社，2000 年）之第十四章，发表时略有删节。

2002 年　壬午，73 岁

3 月 1 日，《中国文物报》刊载宋豫秦《尽陈言之务去，乃他人所未发——汪宁生〈古俗新研〉读后记》，认为："《古俗新研》作者在学术上的一个重大贡献是：其不惟使 2000 多年前中国先哲所叹、所倡之'礼失而求诸野'的治学之道科学地成为现实，还凭着自己坚实而独到的学术功底，对于古史研究中的诸多复杂疑难问题，剥去古今的文饰与附会，'直探其核心'，从而'常得到与前人不同的正确解释'。《古俗新研》以其卓越的研究成果说明，研究古史，甚至包括研究自然史，不仅要注重'二重证据法'，还应努力采用'三重证据法'（文献、考古、民族学）或'多重证据法'。这正是对现代科学力倡的系统科学方法论的自觉响应。"文章并指出："汪先生治学兼具四长。其一，他具有良好的考古学素养，理论水平卓然；其二，他的古文献功底深厚；其三，他的英语水平在考古界同龄人中出类拔萃；其四，也是最主要的，那就是他置身于民族地区 40 载，多次不顾生命危险在大西南的险山密林间耕耘、采撷。不言而喻，他所积累的民族志资料和民族学知识在国内考古学界绝无仅有，在民族学界也为数无几。"

3 月，为侯冲《白族心史——〈白古通记〉研究》作序。

5 月，《云南古代青铜艺术赏析》发表于（台湾）《故宫文物月刊》（第 230 期，2002 年）。

5 月，侯冲《白族心史——〈白古通记〉研究》出版（云南民族出版社，2002 年）。在序文中，先生"有感于当今严肃纯正论著不获多见，求真务实学人为世所轻"，对当今虚浮学风予以直斥，表示"且为学术扶正祛邪，昭示后来治学者以正确途径，固我辈应尽之责也”。

《白族心史——〈白古通记研究〉》序节录：

充分考察第一手资料而后有所作，原为治学者必循之道，今竟不绝如缕。当今之世，研究古代史者不能读古书，研究外国史者不必通外文，民族学者社会学者不知以科学方法作田野调查，举国皆然，云南为甚。彼等自无力掌握第一手资料，惟知揣摩时尚，选题务合潮流；广通声气，得“道”必获多助；抄录前人论文中几条常用资料，摭拾翻译著作中若干时髦名词，拼凑成文，便成巨著。瓦釜雷鸣而黄钟毁弃，经过长期艰苦钻研之力作，却以无利可图不易问世。①

5月，《顾颉刚学记》由三联书店出版，收录《多所见闻 以证古史——记顾颉刚先生对我的启迪和帮助》一文。

9月，《文化人类学调查》增订本由文物出版社出版。

《文化人类学调查·增订本后记》：

本书出版以来，曾被几所大学用作教材或指定参考书，反映尚可，现已无售。常有朋友或学生来函索书，难以一一满足，故增订再版，以应社会需要。

世界上每年出版文化人类学新书不下百种，论文无算，最近几年新出版者已无缘拜读。故这次增订对全书主要内容未有多少补充，但改正一些错误及错字，并增加《文化人类学常见词汇英汉对照表》、《世界民族简表》，以便初学。

① 《汪宁生集》第四卷，522～523页。

文化人类学在当今中国人文科学之中几乎成为“显学”。过去这门学科曾被定性为“为资产阶级服务”而打入冷宫，有些受到正规训练［的］老一辈人类学家不得不痛苦地改变研究方向。这时人们对此是避之惟恐不急，而今人们却趋之若鹜。美国友人、哥伦比亚大学的人类学博士金大龙（Dr. David A. Feingold）先生最近来滇考察，对我笑说：他所接触的人士都称自己专业是“文化人类学”，正在从事云南民族文化的研究，但问起某一民族具体情况，他们便讲一段民间故事或介绍青年男女如何谈情说爱，而对文化人类学重大问题的研究似乎毫不关心。我不能不承认这一现象带有普遍性。当今不管从事什么专业，甚至一些毫无相干的人，都可变成“文化人类学家”或“民族学家”（按：最近又多称为“社会学家”了），甚至招收这些专业的硕士、博士研究生。当今充斥市场的罗列“奇风异俗”满足旅游者需要的书，也可称为“文化人类学专著”或“民族文化丛书”。

大家都对这门学科感兴趣，想成为这方面专家，终非坏事，但至少要对这门学科有基本的了解。文化人类学核心是对一个民族或社区的社会结构进行全面的剖析，对一种文化的特质作出科学的归纳。假如把它作为一种时髦的标签，那像过去把它打入冷宫一样，是这门学科的不幸！它是一门严肃的学问，需要作艰苦的田野工作及深入的理论探讨。

希望这本小书对当今人们正确认识文化人类学及进行田野工作继续有所帮助。①

① 汪宁生：《文化人类学调查——正确认识社会的方法》（增订本），268～269页，北京，文物出版社，2002。

《年谱》:“11—12月,赴墨西哥参观考察。”

是年,《“小臣”之称谓由来及身份》发表于《华夏考古》(2002年第1期)。

2003年　癸未,74岁

《年谱》:“1月,归国。”

3月,陈友康、罗家湘合著《20世纪云南人文科学学术史稿》出版(云南人民出版社,2003年),书中设《汪宁生的民族考古学》专题。

陈友康《20世纪云南人文科学学术史稿·后记》:

> 汪宁生先生在国际主流考古学界享有大名,虽然我们供职于同一间学校,但我们一直没有直接交往。关于他的部分即将发表时,我才以高山仰止的心情请教他的看法,他说:“文章正式发表之前我不看,怎么写是你们的事,发表后我们可以交换看法。我们遵守学术规则好不好?”他的这几句话,让我更深地体会了什么是真正的学者!①

6月6日,云南民族学院在《云南日报》发表公告,宣布更名为云南民族大学。②

8月,《佤山汉族矿工族群认同的改变》收录于《中国民族学纵横》。③

---

① 陈友康、罗家湘:《20世纪云南人文科学学术史稿》,478~479页,昆明,云南人民出版社,2003。

② 《云南民族大学60年(1951—2011)》,97页。

③ 《中国民族学纵横》,2003。

是年，先生将所藏考古类图书及近千张西南少数民族老照片捐赠于重庆师范大学考古学和博物馆学教学与研究中心。[1]

是年，《云南傣族制陶的民族考古学研究》发表于《考古学报》(2003年第2期)；《利米人的婚姻形态》发表于《中南民族大学学报》(人文社会科学版，2003年第2期)。

2004年　甲申，75岁

9月，《初民时间、空间及数字概念探源》收录于《史前研究》。[2]

《年谱》："10月，偕妻赴美，就养于巴尔的摩长子歌寓所。"

《年谱》："12月，应弗利尔博物馆等机构美国同行之邀，赴华盛顿等地，先后举行三次小型讨论会，讨论东南亚及云南传统制陶问题。"

12月12日，去亚历山大里亚（Alexandria），在雷斯（C. Reith）女士家举行聚会，讨论东南亚传统制陶术。

《始信昆仑别有山》2004年12月12日：

> 迄今为止，这样［的］集会已进行三次，勒弗斯（L. Lefferts）博士戏称为传统制陶系列讨论会，分别在撒克勒美术馆及各家举行。各自放映幻灯、录像及光碟，介绍自己研究成果。今雷斯女士放映录像中有缅甸那加人制陶情况，全用模制法，以葫芦垫在内部捏成圜底器，无泥条盘筑，亦不见拍打，应为最原始制陶术。藏缅语各族中少见制陶，此为难得例证。

① 《〈西南民族老照片〉读后记》，见《汪宁生集》第四卷，526页。

② 西安半坡博物馆：《史前研究》(2002)，西安，三秦出版社，2004。

雷斯专门在缅甸调查，而勒弗斯及柯特（Louise Cort）博士调查遍及泰国、老挝各地。虽然他们开始调查较晚，迄已调查村寨数以百计。有一种不用泥条盘筑而以大块泥片围成器壁之法，为云南所未见，推翻过去自己认为大型器物必须泥条盘筑之推想。

相形之下，我能展示之形象资料少得可怜，质量甚差。在我调查的年代中国不仅无录像及幻灯，甚至无彩色相片，而今天傣族传统制陶消失殆尽，此已是仅有之记录，故他们对我的工作充分理解和重视，收入《民族考古学论集》之一篇较早文字不知何时已被他们请人译为英文，准备推荐发表。

今日大家同意今后将去云南共同做一次调查，将以云南民族大学为“基地”，由我做些前期工作。此次来美进行学术交流至此结束。①

是年，《佤山一段鲜为人知的史话》发表于《今日民族》（2004年第1期）。

是年，先生访问重庆师范大学，作题为“欧美的汉学研究”的演讲。

孔令远《汪宁生与中国民族考古学》：

汪宁生指出，对西方汉学家的研究要反对两种倾向。一是要反对盲目崇拜，西方汉学家的看法不一定正确，既不能把政治人物神化，也不要把学术人物神化。二是要反对盲目自大，汉学家们的口语可能不如我们说得流利，但

① 《汪宁生集》第四卷，384页。

他们研究古文献的能力我们很多学者不一定比得上。他们有些问题钻研得很深。汉学家有几个特点注定他们的成果值得我们重视。一是他们可以几十年全身心地投入研究，没有外界干扰。二是他们大多具有全球的视野，研究中国的东西不是就中国论中国，而是具有全球的视野，并且常和其他学科联系起来看。比如他们研究道教，就觉得道教思想蕴含很多生态学的原理，反映出很多古人对待自然的态度。所以我们对待西方汉学应当像对待其他学问一样，用平视的态度，汉学也是世界文化遗产之一，我们对待汉学也应当像对待世界所有文化一样，学习和继承它，汉学家的研究成果我们要不遗余力地收集和利用。①

是年，李晓岑发表《阿昌族的制铁技术及相关问题》一文，对先生《阿昌族的铁器制作》作了高度评价。②

李晓岑《阿昌族的制铁技术及相关问题》：

阿昌族制作的户撒刀是云南乃至中国南方最著名的刀具，明清以后一直享有盛誉。2001 年 1 月，我们来到德宏傣族自治州陇川县户撒乡，对这里的传统制铁技术进行了调查。

在我们调查之前，汪宁生教授在 20 世纪 70 年代曾对

① 孔令远：《汪宁生与中国民族考古学》，载《考古》，2015（2）；并见孔令远、李艳华：《汪宁生：中国民族考古学的创建者》，载《中国文化遗产》，2014（2）。

② 李晓岑：《阿昌族的制铁技术及相关问题》，载《广西民族学院学报（自然科学版）》，2004（2）。按：文中所说先生著作有误，当是《中国西南民族的历史与文化》，云南民族出版社于 1989 年出版。

这里的传统制铁的民族学意义进行了很好的调查，写出了关于户撒刀的权威论文《阿昌族的铁器制作》，发表于1987年出版的《中国西南的历史与文化》。虽然已过了近30年，汪先生的调查仍是关于阿昌刀综合情况的最好的一个调查报告，但技术的调查只有夹钢和铸犁两部分，有待加强。

2005年　乙酉，76岁

1月29日，著名文史学者张政烺在北京逝世，享年93岁。

《年谱》："2月，归国。"

《年谱》："3月，随云南省文史馆一行赴柬埔寨参观考察。"

4月20日—23日，赴大姚参加"首届妙峰山历史文化研讨会"。22日，在会议上作即席发言。期间与著名画家叶公贤分别代表学术界与美术界为大雄佛教诗书画院落成揭牌。①

2006年　丙戌，77岁

1月，杨楠编《考古学读本》出版（北京大学出版社，2006年），收录先生《略谈民族考古学》一文。

3月，《考古人和他们的故事》第二辑出版（学苑出版社，2006年），收录先生《历九州之风俗 考先民之史迹》一文，并附录《自编年谱》。

《历九州之风俗 考先民之史迹》一文为先生毕生学术经验之总结，在此文中，先生对"三重证据法"作了补充阐释。其言曰：

---

① 黄夏年：《云南大姚妙峰山历史文化研讨会综述》，载《世界宗教研究》，2005（2）；释严印：《我与汪宁生教授之缘》，见《妙峰禅庐》，136页，北京，中国文联出版社，2007。

> 研究任何问题，均应以解决问题为旨归而不应拘泥于所用材料来自什么学科。王国维先生强调研究古史要用“二重证据法”，研究中国古史问题除文献记载古文字外，还应参考考古发现，很多学者都是这样做的。我们现在要提倡“三重证据法”，或“多重证据法”，民族志资料也可用来进行类比，甚至只要有利于你的研究，自然科学成果也应加以利用。①

先生自述支持毕生坚持民族调查、从事民族考古学的“主要动力就是兴趣，就是想将头脑中的疑问求得解答的愿望”；并总结了自己民族考古学调查研究的不足。其言曰：

> 与国外同行相比，我的民族考古学调查研究不足之处甚多。主要有以下两点：
>
> 第一，国外民族考古学是有计划有目的进行的。例如，为了揭示远古社会某一阶段的全貌或解决考古学上一个重大问题，去一个相对应的“活的社会”作长期的调查研究。这样的调查研究在中国还不多见，我做的工作也是“即兴的”，带有偶然的性质，当然有时发现线索后也是经多次持续不断调查才能取得成果，但与他们事先目标明确按计划有步骤进行工作，不可同日而语。
>
> 第二，国外民族考古学根据考古发现的物质文化遗存，以“活的社会”为类比，探索社会和文化的深层次问题。而我们多局限于物质文化本身，如对器物只满足于器物用途、用法及制作方法，而很少透过器物及其有关现象研究

① 《汪宁生集》第一卷，541～542页。

当时社会问题。当然，学习了国外同行的经验归国以后，我在这方面也略有改进。例如，对于云南傣族制陶，开始只注意以此研究考古发现的陶器制坯方法、烧制方法及器物用途等等。后来，我根据已掌握的线索进行多次调查，结果共发现了四种类型。对于制陶如何从手制转为轮制，如何区分制作者和使用者，如何判断陶器交换和分配的途径，关于陶器的专业化和标准化及与族群识别及社会变迁关系问题，进行新的探索（见《傣族制陶的民族考古学研究》）。可是，这样的研究做得太少。现在脑中还蓄有不少很好的题目，再想有计划一个一个地继续进行研究，已感力不从心。①

谈到民族考古研究方法，先生指出，要敢于冲破特定理论取向的束缚，“为了维护真理，必须大胆地说出自己的看法”。其言曰：

当代越来越多［的］人类学家，反对一个研究者应有什么特定的理论取向，只应持一种假说—验证的方法，即各种理论都可以考虑，各式各样的研究方法都可以采用，但对作出的解释最后都要进行验证。所有的知识都是不确定的，将随着新的验证增强或减弱。我们永远得不到绝对真理，却将会得到越来越可信的知识。民族考古学者更强调验证，当发现某种理论与自己研究的结果不符，自应扬弃和反对，不会产生什么顾虑。但中国情况不同。因此，如何勇敢地摆脱处于指导地位的单线进化论的束缚，是在中国从事民族考古学研究工作的人面临的特殊问题，必须

① 《汪宁生集》第一卷，544 页。

克服，才能前进。这也是谈到民族考古学方法时不能回避的。①

4月11日，云南民族大学第七次校长办公会议决定成立民族研究中心，聘请先生为顾问；恢复出版《民族学报》，编辑部设于民族研究中心；成立民族研究学术委员会，以先生担任学术委员会主任。

《年谱》："5月起［被］云南民族大学聘为民族研究首席科学家，主编《民族学报》。"

5月18日，云南民族大学举行民族研究首席科学家聘任仪式，先生出席会议，受聘为民族研究首席科学家。

《云南民族大学55年（1951—2006）》：

云南民族大学民族研究中心，成立于2006年5月……聘请著名民族学家、考古学家汪宁生教授为该中心顾问并出任民族研究首席科学家。该中心是为积极贯彻胡锦涛总书记在视察云南期间提出的"进一步做好民族工作，促进各民族共同团结奋斗、共同繁荣发展"的要求，贯彻省委领导在"加快云南民族大学改革发展座谈会"上的讲话精神，进一步推动学校的民族研究工作，加快民族学重点学科建设的步伐，不断提高学术创新能力，突出学科优势而成立的。2006年5月18日，学校隆重举行民族研究首席科学家聘任仪式，聘请汪宁生教授为民族研究首席科学家……汪宁生教授在会上表示，民族学研究的范围很广，涉及众多领域，我校民族研究历史悠久，可做的事情很多，可改进的地方也很多，民族研究中心将首先着手做两件事：

① 《汪宁生集》第一卷，545～546页。

恢复曾一度停办的《民族学报》的编辑出版；在学校网站上定期发布学术信息，最终整合全校民族研究资源，搞大的项目。①

《云南民族大学60年（1951—2011）》：

2006年5月，为加强民族研究，云南民族大学成立民族研究中心，马丽娟副校长兼任中心主任，聘请著名考古学家、民族学家汪宁生教授为民族问题研究首席科学家及研究中心顾问，并恢复出版停刊已20余年的《民族学报》。②

徐杰舜《民族学考古学本是一家——云南民族大学汪宁生教授访谈录》：

汪宁生：退休后就是搞自己的研究，一些东西在回忆、在出版。今年开始学校找到我，聘我做云南民族大学首席科学家，要我出来工作。现在，我当务之急是搞好《民族学报》编辑部，按照学校的文件，民族研究中心指导全面的民族研究工作，实际上是全面的文化指导。大学学报是有一定格式的，所以我是采用季刊式的。希望能够在自己身体状况允许的条件下多办几期，多做些贡献，发挥自己的余热。

先生主编《民族学报》，“主要发表国内外民族（侧重于中国西南部和东南亚地区民族）的研究论文、调查报告、新发现之古代民族文献、国外民族研究重要论著的译文等等”③，以学术至上，杜绝浮华不实之风。编辑部采用稿件坚持求真、务实、创新的学术操守，

① 云南民族大学编：《云南民族大学55年（1951—2006）》，128～129页，昆明，云南民族出版社，2006。

② 《云南民族大学60年（1951—2011）》，83页。

③ 汪宁生先生致谢剑教授函。

显示了先生一贯的治学理念。

《民族学报》用稿原则：

坚持以文章质量作为决定取舍的唯一条件。文章质量主要包括“新、深、真、谨”四层含义。所谓“新”，就是有新观点、新材料或新的研究方法；所谓“深”，就是有一定的研究深度，有较高理论意义或应用价值；所谓“真”，就是有求实求真的科学态度；所谓“谨”，就是文章的逻辑结构严密，治学态度严谨。①

6月29日，应云南民族大学邀请，先生为青年教师及研究生作“谈国际学术交流——兼谈人类学和民族学国际大会”报告，讲解如何树立正确的国际学术交流态度以及国际学术交流和日常交往中应注意的事项，并对第十六届人类学和民族学大会情况作简要介绍。②

7月13日下午，云南民族大学科技处与民族研究中心联合召开“2008年人类学民族学世界大会”主题研讨会，先生出席并发言。

7月，王煦华所编《顾颉刚先生学行录》一书出版（中华书局，2006年），收录先生所撰《多所见闻 以证古史——记顾颉刚先生对我的启迪和帮助》及《以治学为职业 作真实之贡献——读〈顾颉刚读书笔记〉有感》二文。

9月20日，云南民族大学举行建校55周年庆典，先生在庆典上发言。

10月27日，先生在云南省民族研究所会议室作题为“谈田野调

---

① 《民族学报》编辑部“规章制度”，见云南民族大学民族研究中心网站主页，网址：http://202.203.144.4/myzhx/main_ Frameset.htm

② 云南民族大学民族研究中心网站，网址：http://202.203.144.4/myzhx/notice/notice_ 6.htm

查——二十世纪五十至六十年代全国性民族调查的回顾与反思”的学术报告（“治学经验丛谈第二讲)”。报告回顾了中华人民共和国成立初期的三次全国性民族调查，并对调查的收获与失误作了分析和总结，最后给出几点教训，告诫后来者：了解和认识社会真实情况，是民族学田野调查的唯一目的；无论调查者信奉什么学说和理论，但当发现与客观实际有矛盾时，必须尊重事实，修改或放弃自己的看法；调查者必须学习和掌握科学的调查方法，一切按科学程序办事；调查报告必须详尽、翔实叙述事实，避免空洞的议论。①

11月3日，先生在中南民族大学参加“全国女书学术研讨会”，作题为“女书的保护与传承”专题发言，涉及“女书的记录与识读”“女书字典编撰体例”“女书的民间传承与保护”等内容。

11月24日，美国哈佛大学人类学系博士、台北“中央”研究院历史与语言研究所王明珂研究员来访，先生邀其在云南民族大学作“西南民族的兄弟故事与英雄历史”学术报告。

12月，《民族学报》（第四辑）由民族出版社出版。本辑《前言》出自先生手笔，颇能显示先生的治学精神以及学术取向，兹迻录于下：

> 《民族学报》出版于20世纪80年代初，共出三辑，曾发表过一批有价值的论文。如田汝康《杜文秀对外关系以及刘道衡“使英”问题的研究》，方龄贵《元明戏曲中的蒙古语》，闻宥《古台语中的dr—》，费孝通《支持六江流域民族的综合调查》，方国瑜《麓川思氏谱牒笺证》等，已成为民族研究有关领域中的重要文献，常为学者所引用。

① 云南民族大学民族研究中心网站，网址：http：//202.203.144.4/myzhx/notice/notice_ 9.htm

后因种种原因，未能坚持出版，有识之士深以为憾。至今仍有读者不时来信询问情况或索要旧刊。

今云南民族大学领导重视学术研究，不惜投入人力财力，决定恢复出版《民族学报》。经过四个多月的努力，在相隔二十多年之后，《民族学报》终于又能和读者见面。这首先要感谢为本辑提供论文的作者们。他们在接到约稿信后能很快响应送来自己未曾公开发表的研究成果。有几篇虽曾在内刊印行，也经作者做了大量补充或修改，与过去面貌已大不相同。

创新才能进步，治学更是如此。本辑所收18篇文章，有些讨论国人过去很少注意的新问题（如《阿拉伯几何图案的分析研究》、《沙捞越华人的早期历史》）；有些对某一问题作出新的全面研究或提出自己新的看法（如《大理国写经研究》、《巴楚巫文化》）；有些报告自己田野调查中新的收获（如《摩梭人的达巴教和达巴文》、《澜沧拉祜族传统计时方法和年节活动》）或介绍考释新近发现的实物史料（《南诏王都太和城遗址仓贮碑考释》、《明朝大理回族北迁西昌考——几件清真寺碑文介绍》）和文献资料（《〈九夷古事〉校注》、《恒乍绷〈供单〉笺注》），涉及民族研究很多领域（民族史、民族学、民族语言文字、民族文物考古、民族艺术、民族宗教……），均具有一定的学术价值。

特别是田野工作新收获和新发现的实物史料和文献资料，对推动研究工作的前进尤为重要。假如束书不观，又不下去调查，但知揣摩时尚，辗转抄引前人常用材料，敷衍成文，是不会产生具有长久价值的学术成果的。《民族学报》今后将优先发表民族研究各个领域中含有新鲜资料的作品。

我们力量薄弱，加之仓促成书，在稿件审定、修改、编排、校对诸方面不免存在许多疏漏之处，敬请批评指正。更望海内外同行继续踊跃赐稿，使这份以学术性和资料性为自己特点的出版物能长期存在下去，为民族研究工作者增添一块展示他们长期辛苦耕耘所取得成果的平台，为弘扬中国各民族优秀文化及推动民族地区社会进步做出自己的贡献。

是年，《今日民族》（2006 年第 6 期）刊出范祖锜《虽九死其犹未悔——民族考古学家汪宁生先生访谈录》。

是年，《云南永德县彝族（利米人）的婚姻形态——附论远古婚姻家庭研究中若干问题》发表于《社会科学战线》（2006 年第 1 期）。

2007 年　丁亥，78 岁

1 月，《文化人类学专题研究——关于母系社会及其他》出版（敦煌文艺出版社，2007 年）。收录论文 9 篇：1.《易洛魁人的今昔——兼谈母系社会的若干问题》；2.《以驯鹿为生的沙米人——兼谈游牧社会的若干问题》；3.《佤山汉族矿工族群认同的改变》；4.《中国西南民族保护生态环境的优良传统》；5.《酒与少数民族》；6.《谈中国少数民族迁入城市——以昆明为例》；7.《他鲁人的婚姻形态》；8.《利米人的婚姻形态》；9.《记滇西北的几个喇嘛寺》。附录：《文化人类学常用词汇英汉对照表》。

《文化人类学专题研究・序言》：

长期以来，笔者在西南少数民族地区进行文化人类学调查，主要为了寻求类比材料，研究中国考古学及中国古史，这方面文字已分别收入《民族考古学论集》及《古俗新研》。此外，还曾作过一些专题调查研究，应属于文化人类学本身的范畴。兹另辑成集，单独印行。

顾炎武谈治学之道有云："今人纂辑之书，正如今人之铸钱。古人采铜于山，今人则买旧铜名之曰废铜以充铸而已。所铸之钱粗恶……承问《日知录》……庶几采山之铜也。"（见《日知录》卷四）

这段话告诉我们，研究学问应以搜寻新鲜材料为要务。文化人类学以田野调查为自己的特点，尤应如是。

今日之中国到处可遇"文化人类学家"或"民族学家"，几乎不作实地调查，仅摭拾外国论著中自己未必弄清含义的若干时髦名词，辗转抄引前人调查报告或论文中几条已用资料，组合拼凑，便成巨著。此即所谓"买旧钱……以充铸"也。至于这类"学者"之中，整篇抄录他人论著不加注明，酿成剽窃丑闻者，则为自郐以下矣。

本集所收拙作，寥寥数篇，所涉及者只是文化人类学领域中有限问题。自知质量不高，却多据亲自调查搜集之新资料，提出自己一得之见，或可忝列于"采山之铜"。本集涉及主要问题有：

中国学界据一百多年前摩尔根书常加讨论的易洛魁人，其"母系社会"是否为人类"社会发展必经阶段"。按现已查明，古老的狩猎采集民族，继嗣制度多为"两可系"甚或父系，其婚后居住方式多为"两可居"甚或男方居住，实行母系社会却多为农业民族，从母系到父系是否真是普遍规律？（见《易洛魁人的今昔》）

是否游牧民族必与父系或家长制相联系？（见《以驯鹿为生的沙米人》）

初民中常见一对配偶可以随意离异的现象即所谓“对偶婚”者，是代表人类婚姻家庭一个特定发展阶段，抑或是初民普遍存在的一种婚姻形态？（见《他鲁人的婚姻形态》、《利米人的婚姻形态》）

在民族涵化过程中，民族认同之转化方向是否取决于经济文化发展水平？“野蛮的征服者总是被那些他们所征服的民族较高文明所征服”能否可视为一种规律？（见《佤山汉族矿工族群认同的改变》）

中国近几十年遭受忽视的“草根社会”，过去实曾对保护当地生态环境发挥重要作用。以西南民族为例，它们以制定地方法规（乡规民约）或通过宗教信仰及一系列禁忌客观上达到保护环境的目的。西南民族原来的刀耕火种农业为何未曾对环境造成很大的破坏？（见《中国西南保护生态环境的优良传统》）

随着中国少数民族迁入城市，中国城市是否仍如某些国外人类学教科书所说和日本一样是单一民族居住的典型？（见《谈中国少数民族迁入城市》）

为什么国内外浅化民族均喜饮酒？过去不成问题现在却形成严重社会问题？（见《酒与少数民族》）

在这本小书中，对以上问题已作出自己的回答，其结论与前人多有不同。

“文章羞与俗雷同”（陈寅恪诗句）。这种境界虽难达到，却是自己一直心向往之的。

但笔者一些看法是否最终能够成立，当然尚有待于未来更多调查研究的检验。

诸篇引用外文资料，译成中文后或未注原文。但熟悉国外人类学文献者不难据此查阅。

又过去曾编《文化人类学常用词汇英汉对照表》，今再次收入本书，以便读者。①

《年谱》："1月，偕妻与挪威友人勃克曼（Harald Lars Bøckman）、刘白沙夫妇同去缅甸参观考察。"

4月12日下午，出席《民族学报》复刊首发式座谈会。②

6月4日下午，《民族学报》编委会第一次全体会议在云南民族大学莲华校区至理楼211室召开。先生介绍《民族学报》（第五辑）的篇目、体例等基本情况，并希望编委们就相关内容提出宝贵意见，以便进一步修改完善。

6月30日，石兴邦来信，为庆祝何炳棣先生90华诞论文集约稿。

7月24日，石兴邦来信，信中说："您主持《民族学报》是一件重要的事，对这门学科都有大的发展和助益，我相信一定能有所前进和提高这门学问的水平和领域。"③

10月22日，应邀至云南民族大学教场北路分部为艺术学院师生作"谈民族艺术的调查研究"学术报告。

《谈民族艺术的调查研究》提纲：

一、艺术创作和艺术研究

艺术创作是表达情感的，需要运用形象思维；艺术研究是理性探索艺术各种门类（音乐、舞蹈、造型艺术……）

---

① 汪宁生：《文化人类学专题研究——关于母系社会及其他》，1～3页，兰州，敦煌文艺出版社，2007。

② 云南民族大学民族研究中心网站，网址：http：//202.203.144.4/myzhx/notice/notice17.htm

③ 据原信影印件。

客观实际的，需要运用逻辑思维。

一个具有创作才能和天赋的艺术家（演员、画家、歌手……）有很多有利条件从事艺术研究，但若不会逻辑地思考分析问题，仍难取得很好的研究成果。

二、民族艺术研究的学科定位

民族艺术研究特点是对人类按族群划分后对其艺术做个别的研究，故它与对人类各种艺术最高理论概括的美学有联系又有区别。

民族艺术不仅要研究某个民族艺术的过去，更要研究其现在和未来，故它与艺术史有联系又有区别。

民族艺术的研究既以族群为单位，它应定位为“艺术的人类学研究”（anthropological study of art），属于文化人类学（民族学）的范畴。

三、用人类学田野调查方法搜集民族艺术资料

民族艺术研究资料的取得依靠调查，所用方法与人类学田野调查并无不同：

参与观察；

科学的询问和记录。

民族艺术调查中要特别注意形象记录（录音、录像……）和搜索实物资料。

四、在人类学视野下进行民族艺术研究

民族艺术研究既属于文化人类学的范畴，只有以人类学的观点来分析研究问题才能获得真知。几个例子：

要了解某民族艺术特点，首先必须掌握民族文化的整体特征；

要了解某种艺术的社会功能，必须先研究该民族的社会结构、宗教信仰、婚姻家庭等；

要了解某种艺术起源和发展，首先要研究民族的历史和文化变迁；

要了解某种艺术在发展过程中所受外来影响，首先必须弄清民族之间的历史渊源和相互关系。①

12月10日，作《民族考古学探索·自序》。先生在此文中对学术界曲学阿世的不正之风予以尖锐批评，提倡“为学术而学术”的纯科学研究。

《民族考古学探索·自序》节录：

现在阶级斗争时代已经结束，转入经济建设为中心的时代，研究工作又被要求“与经济挂钩”。纯学术的研究，仍然得不到社会的重视和支持。此从每年国家社科基金所列选题即可看出。殊不知某些学科是不能对当前社会有什么直接用处的。例如，研究一种已经灭绝的古代文字，注释一部古代重要经籍，专门研究某一朝代的历史，专门研究一位作家的生平和作品，都需要一个优秀学者付出毕生精力。民族考古学的研究也属此类。它们不能创造出经济效益，但它们可以丰富人类的知识宝库，具有长久的普世的价值。它们的目的就是取得真知，它们的社会功能也就在此。

章太炎先生曾为人题词云：“学以求是，不以致用；用以亲民，不以干禄”。顾颉刚先生有云：“在学问上则只当问真不真，不当问用不用”；“学问固然可以应用，但应用

① 云南民族大学民族研究中心网站，网址：http：//202.203.144.4/myzhx/notice/notice_ 22.htm

只是学问的自然的结果，而不是着手做学问的目的”（《古史辨》自序）。看来，做学问自来有“求是”和“致用”两个层次。做学问的目的首先是“求是”，即追求真理。假如某些研究取得真知灼见后可应用于当前社会有裨于国计民生（“亲民”），那当然很好。但不能为了谋取自己功名利禄或保全自己而曲学阿世；或像今天一些“学者”为了谋取职称、地位、待遇或项目经费，勉强从事自己并不熟悉的应时的研究而不管能否获得有益的成果；那样就是太炎先生所骂的“干禄”了。可悲的是今天中国学术界“干禄”的人实在太多！今天大家重温一下上一世纪著名学者这些话，看来很有必要。

在报刊上网络上常见到人们慨叹今天中国人文科学社会科学某些学科水平之下降，甚至远逊于上世纪二三十年代。人们不想从事认真的研究，垃圾文章充斥报刊，抄袭剽窃成风，其原因之一即在于长时期来片面强调应用，而且要求“立竿见影”，忽视和排斥基础性学术研究。每年受到国家社科基金资助的研究项目取得有价值成果的究有几项？其中能真正产生经济效益的又有几项？每年徒然耗费国家大量经费，没有获得预期的结果，却助长了浮夸急躁、弄虚作假之风。

但世界上有价值的东西不会完全湮没，学者治学必需具备的“独立之精神，自由之思想”（陈寅恪《王观堂先生纪念碑铭》）终将复兴。相信不久的未来人们就会认识到今人的偏狭和缺乏远见，而给“为学术而学术”的纯科学研究以应有的地位。人们只根据自己的兴趣和学养选择研究的题目，而不考虑利害和得失，那时就会有较多的人来继续研究中国的民族考古学，这本书若能对他们有所启发，便不辜负作者为此学科所做一点“筚路蓝缕”的工作。①

12 月，《民族学报》（第五辑）由民族出版社出版发行。

是年，《三谈民族考古学》发表于《考古》（2007 年第 4 期），有所删节。在此文中，先生首先谈了民族考古学的定位问题，指出“民族考古学已经存在了几十年，它对当代考古学理论建构及内容增添日益起着很大作用”。民族考古学为考古学资料的解释提供一种新方法，其学科特点“是考古学者通过亲去‘活的社会’作调查对考古发现的物质遗存作出进一步的了解，以便尽可能对当时的社会作出全面复原”。“民族考古学是考古学的一个分支，它的研究对象就是整个考古学的研究对象，即人类遗留下来保存在地上或地下的物质遗存。民族考古学研究对象中还多了一点东西，那就是在‘活的社会’保存的民族志材料。”其次，先生对民族考古学“类比—假设—研究”的研究方法进行说明：“类比（analogy）不是一般意义的比较（comparison），它是一个哲学的或逻辑学的概念，即从一个事物辨识另一个同类的或有关联的事物。”“通过民族学调查获得可靠而又恰当的类比材料，便可对所研究的考古遗存作出一种推测性的解释，这就是假设。但这假设是否可以成立，还要经过最后一道步骤——验证，即看考古遗存本身能否找到证据来支持你的假设。”“这里最重要的一个环节是验证。”最后，先生说明“当前中国人文科学社会科学首要问题仍是如何摆脱单线进化论的影响，在这方面民族考古学更是大有用武之地。占据人们头脑中那套从母系社会进化到父系社会的陈腐模式，只有通过民族志资料的类比才知

① 汪宁生：《民族考古学探索·自序》，2～3 页，昆明，云南人民出版社，2008。

其非。”①

2008年　戊子，79岁

4月27日—5月3日，在临沧、沧源参加“中国佤族‘司岗里’与传统文化学术研讨会”，作“佤族‘司岗里’神话与沧源岩画”专题发言。针对“沧源崖画中是否有表现司岗里神话的内容”的论争，先生提出谨慎的看法，即“沧源崖画中是有神话人物及神话故事的内容，例如著名的‘太阳人’，画面即为对远古流传甚广的‘射日’神话的描绘。此人除面对太阳外，还手持一弓，为我们提供了有力证据。现在要讨论的是上述山洞画面是否就是对‘司岗里’神话的描绘呢？经过思考，我现在的看法仍然是两者可能有关，但证据不足。”先生从而指出：“我们研究古代文化，资料永远是不充足的，不可为了迎合某种需要或自己已有的看法，匆忙轻率作出结论。这是我们大家从事研究工作时应该注意的。”②

5月3日，在“中国佤族‘司岗里’与传统文化学术研讨会”闭幕式上，先生被沧源县人民政府聘为“佤族文化研究顾问”。

5月初，应邀赴京，在北京大学环境科学学院作题为“中国西南地区民族生态学”的学术报告。先生根据大量西南少数民族地区与保护生态有关的明清碑刻及乡规民约文书，指出中国西南地区少数民族传统文化中有丰富的保护生态内容。今天为避免生态系统的进一步恶化，有必要继承和发展原来少数民族保护生态环境的优良传统；强调环境科学和生态学，必须走向与人文科学相结合的新途径。先生认为今后民族生态学研究的发展趋势是扩大调查范围，搜

① 《汪宁生集》第一卷，17～20页。

② 那金华主编：《中国佤族“司岗里”与传统文化学术研讨会论文集》，18～23页，昆明，云南人民出版社，2009。

集更多的资料，并与属于自然科学的生态学合作，科学地分析这些资料，从而在中国建立起自己的民族生态学。①

在京期间，先生又应中央民族大学特邀，为历史系和民族学与社会学学院的师生作“当前民族考古学研究中的几个问题”学术讲座。先生首先对民族考古学和民族地区考古进行区分，其次讨论了民族考古学的研究方法，阐述了普遍类比和有条件的类比方法，最后重点提出利用民族学考古材料研究中国古史的多重证据法，并提供了几个具有重要学术价值的课题。②

5 月，《古代礼俗丛考——用民族学资料研究古史的若干个案》收录于《庆祝何炳棣先生九十华诞论文集》。③

6 月 10 日下午，《民族学报》（第六辑）编委会会议在云南民族大学莲华校区行政楼一楼会议室举行。会上，先生谈及 5 月前往北京大学讲学的见闻和感受，特别指出，目前全国许多高校和研究机构纷纷意识到，大多数期刊发表文章因限制字数，讲究“短平快”，导致文章篇幅短小、容量有限，不足以全面展示学者的学术成果。于是为了提升自身学术品位和学术水平，近年来编辑出版了不少大型学术集刊，《民族学报》应是其中较早者之一。④

按：云南民族大学书记冯建昆讲话指出，《民族学报》停刊二十多年，再次复刊，前两期出版后，获得国内外学者好评。先生首倡《民族学报》复刊，功不可没，独具慧眼，花了很多心血，做出了特

① 云南民族大学民族研究中心网站，网址：http：//202.203.144.4/myzhx/notice/notice_ 26.htm

② 云南民族大学民族研究中心网站，网址：http：//202.203.144.4/myzhx/notice/notice_ 26.htm

③《庆祝何炳棣先生九十华诞论文集》编辑委员会编：《庆祝何炳棣先生九十华诞论文集》，西安，三秦出版社，2008。

④ 云南民族大学民族研究中心网站，网址：http：//202.203.144.4/myzhx/notice/notice_ 27.htm

殊贡献。①

6月，《始信昆仑别有山——海外游学日记选辑》由文物出版社出版。日记的主要内容包括：（一）国外大学及学术组织之介绍，（二）与国外同行及学者之交往，（三）世界著名古迹及文物之考察和记录，（四）对世界浅化民族之访问，（五）随感和议论。先生自云："自己日记与时贤游记大有不同，其中少有繁华世界、奇异山水、美丽景色之描述，多记述在国外教书、研究、演讲、开会之经历，或为游历文明古国之记录。近年几次出国虽以探亲为主，仍未停止与同行交流及考察古迹之活动。总之，拙作'游学日记'确为学术活动之实录。"②

8月29日，著名考古学家黄展岳来信，谈及《始信昆仑别有山》的读后感："一是让我知道许多异域著名的古迹文物，大开茅塞；二是感触良多，虽然本著不是直接'针砭时弊'，但不禁引发联想"。③

8月，《民族学报》（第六辑）由民族出版社出版发行。

9月17日，《中国文物报》刊出陈星灿《踏遍青山人未老，始信昆仑别有山——读汪宁生先生〈始信昆仑别有山——海外游学日记选辑〉》一文。文章认为，"本书是中国考古学家出版的第一本海外访学日记"；"这与其说是一个人的海外游学记录，毋宁说是我们这个时代的中国学者重新走出国门、中国考古学敞开心扉拥抱世界的见证"，"是中国考古学史的珍贵资料"。

10月，《民族考古学探索》由云南人民出版社出版。共收录论文21篇：（理论与方法）1.《谈民族考古学》；2.《再谈民族考古

---

① 云南民族大学民族研究中心网站，网址：http://202.203.144.4/myzhx/notice/notice_ 27.htm

② 《汪宁生集》第四卷，147页。

③ 《汪宁生集》第四卷，552~553页。

学》；3.《三谈民族考古学》；（综合研究）4.《从原始记事到文字发明》；5.《从原始计量到度量衡制度的形成》；6.《初民时间、空间和数字概念探源》；7.《中国考古发现中的“大房子”》；8.《仰韶文化葬俗和社会组织的研究——对仰韶母系社会说及其方法论的商榷》；9.《几种原始技术的探索》；10.《谈几种石器的用途和用法》；11.《再谈史前器物用途用法问题》；12.《河姆渡文化的“骨耜”及相关问题》；（个案探索）13.《云南少数民族的取火方法——兼谈中国古代取火》；14.《傣族制陶的民族考古学研究》；15.《基诺族的“长房”》；16.《他鲁人的羊骨卜——附论古代甲骨占卜习俗》；17.《彝族和纳西族的羊骨卜——再论古代甲骨占卜习俗》；18.《佤族铜鼓》；19.《水、苗、壮、彝诸族使用铜鼓的习俗》；20.《阿昌族的铁器制作》；21.《纳西族的仪式用木牌和汉代烽燧遗址出土人面木牌》。

《民族考古学探索·自序》节录：

上世纪60年代初，我开始在中国西南部进行民族考古学研究，备受艰辛。当时中国与世界学术主流完全隔绝，在对外界茫无所知状态下，全靠自己暗中摸索，积累经验。(80年代初有机会走出国门，才开始接触国外的同行和有关书刊。）学界朋友不以我僻居边地浅学鄙陋而相弃，凡有关民族考古学之作多已在重要刊物上发表。1989年曾结集一次，名曰《民族考古学论集》，承已故的费孝通教授题签，由文物出版社出版。

今重加编次，加入近20年来的新作，删去前集中不完全属于民族考古学的文字；并按出版社方面的要求，改为今名。实际上它仍是民族考古学论文集的增补本或重编本，当然其面貌已与过去大不相同。①

10月，阿苏大岭《破译千古易经——兼论彝汉文化的同源性》出版，先生为之作序。②

2009年　己丑，80岁

1月，杨圣敏、良警宇主编《中国人类学民族学学科建设百年文选》（知识产权出版社，2009年）出版，收录先生《建立我国自己的民族学体系》一文。

1月，王仁湘主编《中国考古人类学百年文选》（知识产权出版社，2009年）出版，收录先生《八卦起源》一文。

2月上旬，与美国史密森学院弗利尔美术馆和萨美勒美术馆（Freer Gallery of Art and Arthur M. Sackler Gallery）路易斯·科特（Louise Cort）研究员及李德姆·莱弗茨（Leedom Lefferts）教授夫妇等人前往西双版纳，调查傣族传统制陶术。

雅闻《中美学者合作研究云南传统制陶》：

2月3日，科特、莱弗茨与民族研究中心的汪宁生教授、王亚文副教授等一行飞抵西双版纳，先后对西双版纳的景洪办事处曼斗寨、曼阁寨、勐混镇曼扎寨、勐遮镇曼朗寨、大勐龙镇曼飞龙寨及曼南坎寨六个至今保存有传统制陶术的傣族村寨进行调查。③

---

① 汪宁生：《民族考古学探索》，1~2页，昆明，云南人民出版社，2008。

② 阿苏大岭：《破译千古易经——兼论彝汉文化的同源性》，昆明，云南民族出版社，2008。

③ 汪宁生主编：《民族学报》（第八辑），463页，昆明，云南人民出版社，2010。

2月，何星亮主编《中国人类学民族学百年重要著作提要》出版（知识产权出版社，2009年），收录王亚文所撰《民族考古学论集》提要。

3月15日下午，日本福冈西南学院大学王孝廉教授及金绳初美博士来访。

4月2日下午，《民族学报》（第七辑）编委会会议在云南民族大学莲华校区行政楼一楼会议室召开。

4月27日，云南省国学研究会成立，先生担任名誉副会长。①

5月，《中国佤族“司岗里”与传统文化学术研讨会论文集》出版，收录先生《佤族“司岗里”神话和沧源崖画》一文。②

5月，云南省文史研究馆编《先生之风》出版（云南人民出版社，2009年），收入陈友康、罗家湘《民族考古学家汪宁生的学术建树》一文，即《20世纪云南人文科学学术史稿》中《汪宁生的民族考古学》一节之增订本。

陈友康、罗家湘《民族考古学家汪宁生的学术建树》：

汪宁生先生是国际考古学界的知名学者，云南20世纪学术的杰出代表之一。南京人，1930年生，1959年毕业于北京大学历史系考古专业，云南民族学院教授。曾任云南民族研究所副所长、云南民族学院历史系主任、国家民委学术委员会委员、云南省文史馆馆员，受聘为德国海德堡大学，美国宾夕法尼亚大学、华盛顿大学，挪威奥斯陆大学等世界名校客座教授或研究员以及美国费城人类问题研

---

① 林超民：《弘扬国学精神、提升文化实力、增强民族自信——在云南省国学研究会成立大会上的讲话》，2009年4月27日。

② 那金华主编：《中国佤族“司岗里”与传统文化学术研讨会论文集》，昆明，云南人民出版社，2009。

究所荣誉研究员、联合国教科文组织国际崖壁艺术委员会成员等。他在云南民族地区从事考古工作40余年，成就卓著，著述丰盈，计有《云南考古》（云南人民出版社，1980）、《云南沧源崖画的发现与研究》（文物出版社，1985）、《民族考古学论集》（文物出版社，1989）、《铜鼓与南方民族》（吉林教育出版社，1989）、《中国西南民族的历史与文化》（云南民族出版社，1989）、《文化人类学调查——正确认识社会的方法》（文物出版社，1996）、《西南访古卅五年》（山东画报出版社，1997）等。还翻译了《事物的起源》等著作。汪宁生先生的成果曾获中国国家民委、美国卢斯基金会和挪威人文科学基金的奖励。

民族考古学是新兴学科，产生于20世纪60年代，指民族志材料和考古学材料的比较研究，它用前人记录或系统搜集的材料和自己从有计划的田野工作中直接观察所获得的民族志材料，解释考古学发现的物质遗存，复原古代的人类行为和社会组织。在中国30—40年代，历史学家顾颉刚、民族学家凌纯声等将历史文献、考古材料、民族志材料综合研究，得出结论，这是民族考古学的先声。50—60年代，一些受过考古学训练的学者参加全国少数民族社会历史调查，他们用考古学观点来研究少数民族，用调查搜集到的民族文物来解释考古学问题，取得许多重要成果。中国的民族考古学就在他们手中正式诞生并走向成熟。汪宁生先生是其中的代表性人物之一。

汪宁生先生是国内成就最突出的民族考古学家之一，他的研究成果经常被国内外学术界评述和引用。由费孝通先生题签的《民族考古学论集》是他的学术代表作，也是国内出版的第一部民族考古学论文集，收入从60年代到80

年代发表的论文25篇，创见纷呈，扎实厚重，是20世纪中国考古学的代表性成果之一。《略谈民族考古学》介绍了民族考古学的历史、国外的民族考古学理论和作者自己从事民族考古学研究的体会，强调民族考古学的两个基本原则：选用民族志资料先近后远的原则；类比材料只能从前资本主义的民族中取得的原则。《从原始记事到文字发明》从少数民族三种记事方法：物件记事、符号记事、图画记事，推论文字是由三类记事方法引导出来的。这一研究成果修正了文字仅仅起源于图画的传统说法，为远古陶器符号、殷周族徽图形、原始崖画的考释提供了新的思路，在古文字和考古学界产生较大影响。古文字学家、中山大学教授陈炜湛、唐钰明所著《古文字学纲要》（中山大学出版社，1988）在阐述文字的起源时就全面介绍了他的观点。《仰韶文化葬俗和社会组织的研究——对仰韶母系社会说及其方法论的商榷》用中外民族志材料说明存在于仰韶文化中的大房子和二次多人合葬墓并非母系社会的特有现象，从而动摇了统治考古学界的仰韶母系社会说。他还提出应当审慎使用葬俗去复原社会制度的方法。他的观点受到国际汉学界和民族学界的重视。台湾学者杜正胜教授在总结20世纪中国考古学时对汪宁生的观点给予评述和肯定（杜正胜：《考古学与中国古代史研究——一个方法学的探讨》，载新加坡国立大学中文系主任林徐典主编的《汉学研究之回顾与前瞻·历史哲学》，中华书局，1995）。著名考古学家、四川大学教授童恩正认为，这篇论文有助于清除摩尔根模式对中国史前史研究的思想束缚，并能加深人们对仰韶文化的全面认识（童恩正：《文化人类学》，第347页，上海人民出版社，1989）。《八卦起源》用苗族、纳西族、西盟佤族、阿坝藏族、羌族、傈僳族、凉山彝族的占卜资料来说明八卦起源于“古代巫师举行筮法时所使用的一种表数符号”，否定了八卦起源于龟卜兆纹或男女生殖器的传统观点。《耦耕新解》用云南民族志资料解释古代文献中的“耦耕”，说明它是一种换工协作的劳动形式，而不是传统注解所说的使用耒耜的方法。《释“武王伐纣前歌后舞”》用德宏景颇族和凉山彝族在械斗中让勇士在前舞动刀枪盾牌，大声呐喊，率队冲向敌方的事实，说明“武王伐纣前歌后舞”不是群众性的歌舞庆贺，而是先头部队的冲锋动作。这些论文为用民族学资料论证史前社会和古代社会研究中的疑难问题提供了新的方法和资料，熨帖地解释了在汉文献范围内难以破解的一些疑难问题。注意书面文献、考古资料和民族学资料的类比、印证，做到古今贯通、各民族文化贯通，使许多复杂问题迎刃而解，有效推进了中国古代社会和文化研究，也提升了民族学研究的价值和地位。

沧源崖画的发现和研究是汪宁生先生在学术界产生重要影响的学术工作。1965 年，他首次发现沧源崖画并向学术界作了报告，开始研究工作。1978 和 1982 年，他又两次到沧源调查，三次共发现崖画点十处。《云南沧源崖画的发现与研究》共八章：前四章采用描写手法，记述了崖画存在地区的自然环境和人文环境，崖画发现的经过和清理、记录过程，崖画的分布和保存情况，崖画的技法和风格、内容和题材；后四章采用分析方法，对作画的目的、崖画的社会作用、崖画的制作年代和分期、崖画与当地民族的关系等进行研究。该书在中国崖画研究中具有典范意义。首先，他总结了一套科学的崖画研究的田野工作方法。这套方法是他在封闭的社会和学术环境中独自摸索出来的。

后来他到费城作研究，发现国外崖壁艺术研究的工作方法与自己的基本契合。这表明汪宁生总能通过规范的学术操作和灵心悟解而与世界学术前沿取得一致并与之对话和交流。其次，他确立了崖壁艺术研究的一些基本规范。沧源崖画及云南其他崖画的研究在云南考古学界颇为热闹，但不少研究者不遵守起码的学术规则，信口开河，贻笑学界。汪宁生的工作给予它学理的规范和内涵，显示出良好学术品格，为云南崖壁艺术研究赢得了国际声誉。《云南沧源崖画的发现与研究》1988 年获国家民委主办的全国民族学院哲学社会科学优秀科研成果奖一等奖。

汪宁生先生的铜鼓研究在国内外享有重要影响。1978 年，他在《考古学报》第二期发表《试论中国古代铜鼓》，批评了奥地利学者黑格尔《东南亚古代金属鼓》倒流为源的错误，指出铜鼓的发源地不在越南，而在云南。他以考古材料、民族志材料为根据，按时代先后排列出铜鼓的 6 种类型，并说明其演变关系，首次确认以祥云鼓为代表的 A 型鼓是最原始的铜鼓。本文解决了亚洲铜鼓的发源地问题，是铜鼓学界的一篇著名文章。在研究方法上，这篇论文具有独创性，即提出在铜鼓研究中确立“标准器”，然后以“标准器”作为断代、分区的尺度，以避免那种仅据形制、花纹安排铜鼓先后顺序的做法。这一研究思路的提出，为铜鼓断代、分区找到了科学而便于操作的方法。《铜鼓与南方民族》是一部运用当代人类学观点研究铜鼓的专门著作，追溯了铜鼓研究的历史，介绍了铜鼓的分类及各种类型的分布地域，探讨了铜鼓的年代和起源问题，清理出历史上使用铜鼓的民族和现代民族使用铜鼓的习俗，研究了铜鼓的作用、社会功能及其所反映的宗教信仰、南方民族的文化变迁和相互关系。

《云南考古》由史学大师顾颉刚题签，是描述和总结云南考古发现和研究情况的著作。全书按时代先后分为五章：旧时器时代、新石器时代、春秋—西汉时期、东汉—初唐时期、南诏—大理国时期。在每一章中，介绍考古遗迹，分析考古遗存，并兼及传世文物研究。书中有80幅图片，书后又附104幅图版，丰富了书的内容。该书是学习和研究云南考古的基本读物，影响较大，1980年初版，1992年又出版增订本。《中国西南民族的历史与文化》是一部论文集，收论文17篇，重点探讨各民族间的文化接触和相互影响。作者在前言中提醒读者注意，其中的一些考证、汇集的文献资料和自己调查所得资料价值较高，而某些观点和研究方法，如片面强调中原文化的先进、花费过多精力研究属于模糊范畴的族源之类的问题等，他业已扬弃。这既表明汪宁生学术兴趣的转移，更说明他的学术工作已进入炉火纯青的境界，即他对建国后流行的先入之见式的研究、用一些宏大问题的无谓言说来遮掩问题研究的做法感到厌倦，而以问题研究、实证研究为学术研究的正途。这样一种学术路向，在90年代后因泡沫学术泛滥成灾才引起学界重视。而汪宁生在1987年就清醒地认识到这一点，不能不说他的学术境界确实是超越流俗的。

《文化人类学调查——正确认识社会的方法》是根据给云南民族学院和中国科学院昆明植物研究所的本科生、研究生开设的“民族学调查方法”和“文化人类学概论”等课程的讲稿修改而成的，曾在中国社会科学院民族研究所、中央民族学院、南京大学、四川大学、郑州大学和陕西师范大学的有关专业讲演其部分内容。此书介绍了文化人类学田野工作的基本知识，基本理论借鉴了西方人类学家的观点，作者加以融会后使之系统化，更适合中国人的需要。其特色在于结合自身长期从事田野调查的经历，论述文化人类学调查的经验和教训，便于使用者操作。对新中国建国后民族调查或社会调查中存在的不足进行了分析，批评那些从未做过田野调查却在国外自称“民族学家”的人。强调文化人类学调查不仅是一种专业知识，而且是人们正确观察和认识世界的方法。《西南访古卅五年》是一部传记性著作，应中国社会科学院边疆史地研究中心邀请而写，描述了作者35余年的学术历程及其苦乐得失。

汪宁生先生是严谨的学者，他从事的是以严肃认真的调查、思考为背景的学术研究活动。他的工作不仅为民族考古学在中国的本土化起了推动作用，而且通过考古学促进了社会知识的增长和文明的积累。他的著作为学术研究提供了科学的研究方法，具有典范意义。他心性高洁，淡泊名利，绝不与以学术贾利、有术无学的学者较短长。他的著作灌注着作者的心性和智慧，有浓厚的人文底蕴；叙事朴素，论理平实，语言从容，有一种不需张扬的大气。正是汪宁生这类学者使云南现代学术获得了丰富的学理内涵并在某些方面赢得国际性声誉。①

7月10日，写成《〈西南民族老照片〉读后记》。②

① 本文引自《先生之风》，216～220页，个别误字据陈友康、罗家湘合著《20世纪云南人文科学学术史稿》（云南人民出版社，2003年）一书中《汪宁生的民族考古学》校正。

② 李禹阶、孔令远编：《汪宁生藏西南民族老照片》，222页，成都，巴蜀书社，2010。

7月19日，《南方都市报》刊载胡文辉《现代学林点将录·汪宁生》条，谓先生“真能以民族学与考古学相结合，左右逢源，成绩甚丰，在当今学林独树一帜”。又谓：“一般身处边缘地区者，限于学术条件，视野易显狭窄，但汪氏绝无此病，其于西方著作及学说的了解，甚至有过于主流学界。他在60年代译出德人利普斯的名著《事物的起源》，不仅有功德于大陆的民族学研究，其本人的治学亦颇受其益。而他更能化劣势为优势，充分利用西南一带的民族资源，自人类学视角解释中国古史与考古问题，民族、考古、文献（包括文字）三种资料相互阐发，相得益彰。”文末诗曰：“西南考古几人能，异俗奇风尚足征。证据三重兼一手，二重证据莫相矜。”

8月，《大理丛书·考古文物篇》出版（云南民族出版社，2009年），其中卷三收录《云南沧源崖画》（署名“云南省历史研究所调查组”，末注“林声”执笔）及《沧源崖画调查续记》（署名“林声”）二文；卷六收录《南诏几个城址的考察》（署名“林声”）一文；卷八收录《谈民族考古学》《再谈民族考古学》《三谈民族考古学》三文；卷九收录《试论石寨山文化》《“滇”人的经济生活和社会生活——晋宁石寨山文物研究之一》《晋宁石寨山青铜器图像所见古代民族考》《试论不对称形铜钺》《试论中国古代铜鼓》五文；卷十收录《〈南诏图传〉考释》一文。

9月16日下午，在云南民族大学莲华校区至理楼211室为本校教育人类学硕士研究生作学术报告。

冷雪梅《汪宁生教授为我校教育人类学硕士研究生作学术报告》：

9月16日下午，我中心学术顾问汪宁生教授在莲华校区四号教学楼211室为我校教育人类学硕士研究生作学术报告，重点讲述如何做学问。该报告为“民族论坛”第十三讲，由马丽娟副校长主持。

汪教授首先阐述了研究工作有基础研究和应用研究这两条途径，分析了二者之间的关系，强调基础研究的重要性，认为当今注重应用研究的同时不能忽视和排斥基础研究，无论是基础研究还是应用研究，做研究要有独立性，做学问要求真。其次，以自己的治学经验为例，讨论做学问的动力不在名利，而在乐趣，用通俗易懂的例子说明做学问的“发现之乐”、“创造之乐”、“优胜之乐”等几大乐趣，这些乐趣在导师的指教和学生的坚持下是可以培养的。再次，汪教授探讨了做学问的两条路线：一条是从概念到概念；另一条是从事实到概念。对此，他阐释了哲学可以从概念到概念，但如果每个学科都哲学化，这就取消了学科的独立性，成为玄学化。并以其中一位在座研究生的“如何在大学里培养创新人才”的论文题目为例，剖析了每条研究路线的特点，结合学生的实际情况，建议采用个案研究的科学方法而不是概念游戏。最后，同学们就自己的论文题目和研究路线向汪教授请教，汪教授一一答疑解难。

汪教授作完报告后，赠送以下几句格言勉励在座的各位同学：

学术应该而且可以为社会服务，但要独立于政治。理论是灰色的，而事实之树常青。①

9月，《从傣族制陶谈中国远古制陶术几个问题》修改定稿。

9月，《中国人文田野》第三辑出版，封面人物为先生，并刊载

---

① 云南民族大学民族研究中心网站，网址：http：//202.203.144.4/myzhx/notice/notice_ 34.htm

先生《跋山涉水觅新知——谈我的民族考古学田野调查和研究工作》一文。①

10月26日，著名美籍华人学者、历史学家、传记文学家唐德刚先生逝世。

10月31日晚，在真善美学社作“学问与人生”报告。

冷雪梅《我研究中心学术顾问汪宁生教授到真善美学社作学术报告》：

应真善美学社邀请，我研究中心学术顾问汪宁生教授于10月31日晚到该社作学术报告，此报告题为“学问与人生”，由云南师范大学朱端强教授主持。师大、民大、云艺等高校的本科生和研究生，不辞路程之远来听报告，整个教室座无虚席。

汪教授说明做学问绝非高不可攀，人人都可以做学问；其次讨论了做学问的动力，认为做学问是枯燥而又艰苦的，如为名为利，既不能持久做学问，也做不好学问，只有有学术乐趣的人，才能持之以恒地做好学问，并用通俗易懂的例子阐述了做学问的“发现之乐”、“创造之乐”、“优胜之乐”、“成就之乐”等几大乐趣；最后，探讨了做学问既能使精神有寄托，且能忍受恶劣的环境，还有利于身心健康等几大好处。汪教授又以国内朱自清、钱穆等大师自学成家及自己在美国费城超级市场了解到的宾夕法尼亚大学毕业的一售货员业余研究乔叟为例勉励大家，假如毕业以后一时找不到合适工作，又一心想做学问，仍能而且可从

① 西南大学历史地理研究所编：《中国人文田野》（第三辑），成都，巴蜀书社，2009。

业余治学转入专业岗位，最后学有所成。

报告作完后，同学们就做学问及历史学、民族考古学、调查方法等相关问题踊跃提问，汪教授一一耐心答疑解难。临别之际，汪教授赠送“不为科名始读书”之名言，勉励在座的各位同学。①

11 月，《民族学报》（第七辑）由民族出版社出版发行。

《年谱》：“11 月，与民族研究中心同事一行五人赴老挝考察。”

2010 年　庚寅，81 岁

1 月 14 日，作为向云南民族大学图书馆捐赠图书资料的捐赠代表，出席云南民族大学呈贡雨花校区图书馆开馆及图书捐赠仪式。

先生曾将部分所藏图书及实物资料捐赠予云南民族大学图书馆。《云南民族大学 60 年（1951—2011）》载：“我国著名民族学家、考古学家汪宁生教授先后多次向校图书馆捐赠各类图书达 1700 余册（种、片）及实物。”②

1 月，写作《事物的起源》第三版后记。

1 月，李禹阶、孔令远编《汪宁生藏西南民族老照片》出版（巴蜀书社，2010 年）。本书收录 1960 年以来先生在西南少数民族地区所获照片，绝大部分为先生所摄，是民族学、社会学和人类学等学科研究极为珍贵的第一手资料。在前言中，编者系统阐述了先生的治学方法、学术内容以及所取得的成就。

---

① 云南民族大学民族研究中心网站，网址：http：//202.203.144.4/myzhx/notice/notice_ 35.htm

② 《云南民族大学 60 年（1951—2011）》，114 页。

李禹阶、孔令远《汪宁生藏西南民族老照片·前言》:

汪宁生先生多年从事西南地区少数民族调查研究工作，主要兴趣在于搜集民族志材料以研究中国古史和中国考古学，其研究范围和方法论与欧美流行的民族考古学（enthnoarchaeology）若合符节。经过近半个世纪以来持之以恒的努力，形成了中国的民族考古学，开一代风气之先，得到学界的广泛推崇。

汪先生治学可谓博大精深，就其治学方法和学术内容可略概括为以下四个方面:

一为利用民族学材料对中国考古学和古代史上问题进行新的探索，如《仰韶文化葬俗和社会组织的研究》利用丰富的国内外存在的多人二次葬习俗对仰韶文化母系说的观点提出质疑,《中国考古发现中的"大房子"》运用丰富的民族学材料说明远古时期大型房屋有各种不同用途，有的作为集会场所，有的是首领住宅，并非都是供许多家庭集体居住的公共住宅，也不能视这类大型房屋为母系民族社会的标志。他提出应审慎使用葬俗和房屋遗址模式去复原当时的社会组织形式。他的《民族考古学论集》和《古俗新研》等书所收录的均为此类著述。

二为对中国西南地区特别是对云南各地建国以来就发现的考古材料，以及对从古代流传下来的重要文物进行系统的整理与研究，如《云南考古》、《云南沧源崖画的发现与研究》、《铜鼓与南方民族》等。《云南考古》自1980年初版、1992年再版以来至今仍是最系统、最全面的一部关于云南考古的论著。尽管距初出版已30余年，今天读来仍有新鲜感。该书坚持用材料说话，避免空洞议论，既严谨朴实，又不失生动有趣。该书的写作风格与今天几乎格式化、千篇一律的各种考古报告和考古著作相比，着实值得现今的考古学者借鉴。《云南沧源崖画的发现与研究》对沧源崖画的分布和保存情况，对崖画的内容和题材，崖画的技法与风格、崖画的制作年代等进行了深入细致的研究。他还介绍自己总结出的一套崖画调查与研究的方法。该书是我国第一部系统研究崖画的专著，开创我国崖画研究之先河，具有示范的意义。

三为对人类学理论和方法的探讨、对国外人类学著作的译介，比如《文化人类学调查》、《文化人类学专题研究——关于母系社会及其他》、《事物的起源》等。《文化人类学调查》结合作者自身长期从事田野调查的经验，借鉴吸收西方人类学调查的基本理论和方法，总结出一套适合中国国情的文化人类学调查理论与方法。他的译作《事物的起源》，该书作者是德国著名人类学家利普斯（Julius E·Lips)，此书征引大量民族志和考古学材料，探讨各种生产活动、日用器具、社会制度和习俗的起源问题。

四为对西南民族文物的考证和民族史的研究，这方面文章收入《中国西南民族的历史与文化》。此外，作者还编写《彝族简史》、《白族简史》、《云南各族古代史略》、《云南简史》等书的相关章节，也是这一类的著作。

学人一般提到汪宁生先生，大多都津津乐道于他的《云南考古》、《云南沧源崖画的发现与研究》等成名之作，然而汪先生本人却表示，像这类纯考古的论著，现在他自己并不十分看重，他认为像这样的工作只要搜集到丰富的材料，遵循已有的研究方法，一般人也能够做得出来，他认为自己一生中最有意义的工作是参考民族志材料研究中国古史及考古学，常能提出新的观点，并能得到中外学界重视。

我们认为先生之学可谓一以贯之，在青少年时期打下了深厚的国学根基和英文基础，二十世纪五十年代中后期先生在北大考古专业接受了系统的考古学训练，六十年代先后在中央民族学院任教并参加西南地区的民族调查工作，到七、八十年代先生致力于民族考古学的研究。直至今日，先生仍笔耕不辍。由于先生有着深厚的中国传统文献功底，加之常年从事民族调查工作，获取了大量珍贵的第一手民族志材料，再加上他受过系统的考古学训练，所以尽管长期处于近乎封闭的学术环境之中，竟凭着自己的摸索，走出一条有特色的民族考古学之路，与美欧六七十年代以来兴起的“新考古学”流派的思潮不谋而合。改革开放后，先生又多次应邀出国与国外学术界交流，得以进一步了解国外民族考古学的理论体系。

正如陈寅恪先生在评价王国维的学术成就时所云：“自昔大师巨子，其关系于民族盛衰、学术兴废者，不仅在能承续先哲将坠之业，为其托命之人，而尤在能开拓学术之区宇，补前修所未逮。故其著作可以转移一时之风气，而示来者以轨则也。”开拓新的领域具体体现在：一掌握新方法，二拥有新材料，三提出新问题、新观念。

王国维先生首先创立和提倡的“二重证据法”，力主纸上材料与地下材料相结合，经史之学与古器物、古文字之学相结合，不屈旧以就新，亦不绌新以从旧，并身体力行实践之，成绩斐然，声振学林。

汪先生所倡导的以民族志材料与考古学、古代史材料加以类比、相互印证，自称为“三重证据法”，甚至是“多重证据法”（见《古俗新研》自序），无疑是一种新的研究方法。尽管中国自古以来也有学者提出类似的观点和方法，如孔子说，“夏礼，吾能言之，杞不足征也。殷礼，吾能言之，宋不足征也”；“礼失而求诸野”；“中国失礼，求之四夷”；“天子失官，学在四夷”等等。但这毕竟只是零星碎语，还不足以形成成熟的理论与方法。活的社会的材料，本是人们司空见惯的东西，向来不为学者所重视，然而汪先生却从这些普普通通的生活情景中，找到了它们与古代重要宗教礼仪制度等的关系，从而展示古史真实的本来面目。这些民族志材料本身并不新，但将其与考古学材料相类比，解决古史和考古学中的相关问题，就成了崭新的材料，而这种以今例古的方法，也成为新的治学方法。

学问贵在创新，汪先生的座右铭是“尽陈言之务去，乃前人所未发”。他之所以能够做到这一点，很大程度得益于他所采用的新方法和用来考证古史和考古学问题的新的民族志材料。

对民族考古学在中国的发展前景，汪先生充满信心，他曾三次撰文探讨民族考古学的学科定位和理论方法，致力于我国民族考古学理论体系的建立，他认为：“民族考古学不仅可扩大考古学的研究领域、解决史前社会和古代社会中一些单凭物质遗存本身不能解决的问题，还可抢救和补充记录过去民族学者很少注意的材料，大大丰富民族志档案，而且通过探讨物质遗存和社会组织，人类行为之间关系这类问题，对人类学本身的理论也有新的刺激和建树。”

民族考古学要用民族学材料来研究考古学问题。由于人类学者或民族志工作者，多有自己的理论体系和特殊兴趣，很少记录下对考古学有用的材料（特别是物质文化方面的材料），其他的非专业性作者（如商人、殖民者、旅行者或牧师等）留下的民族志记录又多简略而含混，因此已有的民族志材料常常无法满足考古学者的需求，为了更好地解决问题，汪先生每每不辞辛苦尽力争取多去民族地区做田野工作，通过自己直接观察，亲自有目的地搜集资料。

本书所收录的图片，绝大多数是汪先生上世纪六十年代以来进行民族调查时所拍，限于当时的设备条件，有些图片效果不太理想，但从中我们可以看到先生对民族考古学的探索过程。如能结合汪先生的相关论著和日记（有些照片就是他著作中的插图）集中研究这批照片，将会给我们更多的启发。

2003年，汪先生将其收藏的老照片和部分图书捐赠给重庆师范大学新成立的考古学与博物馆学教学与研究中心，这种无私的精神在当今社会尤其令人感动。为了使更多的读者能够利用这批材料，我们选编了这部《汪宁生藏西南民族老照片》。由于编者水平有限，错误之处，在所难免，恭请读者诸君不吝赐教。①

《年谱》："5月，去意大利罗马参加民族考古学会议。会后去佛罗伦萨及西班牙巴塞罗那、马德里等地参观。"

《始信昆仑别有山》2010年5月13日：

会议开幕。

这次会议是由意大利民族考古学会组织的……

这次会议实际上是一次国际性会议，与会80名代表来

① 《汪宁生藏西南民族老照片》，1~4页。

自意大利、英、法、西班牙、俄罗斯、蒙古、阿根廷、土耳其、马其顿、埃塞俄比亚、塞尔维亚、保加利亚等十余国家。大会分为民族古老学与物质文化、环境民族考古学、游牧民族考古学、遥感、GIS等技术在民族考古学中的应用等专题组，依次发言。中国代表仅三人，大会也为我们成立一个专题组，名为“民族考古学在中国”。①

5月14日，先生在大会上作“傣族制陶的民族考古学研究”报告。

《始信昆仑别有山》2010年5月14日：

下午报告“傣族制陶的民族考古学研究”，已有多年未参加国际会议，效果还好。会后有二位学者（一位女士是会议组织者）前来致意，表示很感兴趣，可惜时间太短，希望今后再交流意见，并邀请参加晚上宴会，以已有约会而婉辞。②

林苑《中国学者首次参加国际民族考古学会议》：

大会为中国代表专门成立一个专题组，名为“民族考古学在中国”。汪宁生在大会上作了“中国傣族制陶术的民族考古学研究”的报告，引起与会者很大兴趣。会后多人表示可惜时间太短（每人报告限15分钟），希望今后再交流意见。③

① 《汪宁生集》第四卷，192页。

② 《汪宁生集》第四卷，194页。

③ 《民族学报》（第八辑），459页。

5月14日，与意大利远东博物馆副馆长恰尔那（Roberto Ciarla）聚谈。

林苑《中国学者首次参加国际民族考古学会议》：

意大利远东博物馆副馆长恰尔那（Roberto Ciarla）教授及其夫人 Fiorella Rispoli 教授闻汪先生来意大利，专程来访，并于15日举行家宴招待汪先生夫妇。Ciarla 教授夫妇专门研究东南亚及中国南方考古学，曾在中国工作多年，帮助中国同行利用新技术保护文物，与汪先生原是旧识。彼此已有多年不见，这次相聚，回忆旧事，交谈甚欢。他们夫妇答应为《民族学报》写稿。①

8月，译著《事物的起源》第三版由贵州教育出版社出版。

《事物的起源·第三版后记》：

《事物的起源》拙译本自1982年以来，已先后出版两次（四川民族出版社，1982；敦煌文艺出版社，2000），现在第三版又将问世。要感谢贵州教育出版社和郑利强先生，这一版的编排似更为合理易读，又使我有机会改正了一些错误。

在三十年间，此书在中国竟出版三次，说明它已为中国广大读者所接受和欣赏。作者 J. E. 利普斯为“一般公众”而写的这本人类学著作确实写得深入浅出，趣味盎然，能满足“各行各业男女的好奇心”（作者序言）。

---

① 《民族学报》（第八辑），459页。按：林苑此文所载日期或误，据《始信昆仑别有山》，恰尔那夫妇来访先生当为5月14日事。

作者指出，人类学应为促进“各个民族和文化之间更好了解”和“相互合作”而工作（见作者序言）。这一点可说是人类学（这里当然指的是文化人类学即民族学）永恒的主题，过去是今天仍然是人类学研究工作最重要的目的。为此，首先要做到人类学著作能为人们所理解。假如都像今天充斥书肆的一些所谓人类学论著那样，或者不能提出任何新鲜资料和自己见解，只是一味生搬硬套来自国外自己还未必正确了解的新潮理论和时尚名词；或者长篇累牍大谈人类学如何为当今经济发展服务，如利用民族文化开展旅游之类，仿佛人类学只是经济工作甚至只是旅游业的附庸。这样它们如何能使人们对人类学有正确理解和产生兴趣呢？这类著作的命运已经注定，尽管它们能得到当今社会的鼓励和各种基金的支持，无论它们印刷得多么精美，无论作者的身价地位如何显赫，不久必将灰飞烟灭。而能够长久存在的只有那些包含大量可靠资料，能够启人心智丰富人类知识宝库的作品。

当今之中国，一本书只要市场需要有利有图，都难免遭到抄袭、剽窃或盗版的命运。《事物的起源》拙译本大概还不能算是非常畅销之书，竟也未逃此厄。最近出现一本所谓“李敏译”的由陕西师范大学出版社出版的《事物的起源》，略加翻阅，即可发现它是据拙译本胡编而成。拙译本（2000 年版）一些排印错误之处，如英文字母 K、P 等小写误为大写，或大写误为小写，所谓“李敏译本”中也无一不错；又拙译本有两处字句漏译，李敏先生也照样缺失。若非未看原书尽抄已有译本，岂能如此巧合？

据说学术界前辈启功先生（他去世前不久曾为拙作合集题写书名，在此顺致谢意），对于假冒或模仿他的书法卖

> 钱，从不计较追究，认为必是生活困难有此需要。李敏先生无非也是为了获得微少稿费申报职称或申请基金之需要。在这方面，我们应该学习启先生的宽容和大度。
>
> 这里只想提醒广大读者，请注意一下《事物的起源》一书有“李逵”和“李鬼”的区别，谨防上当而已。①

9月19日，《民族学报》（第八辑）编委会会议在云南民族大学莲华校区至理楼216会议室举行。先生介绍本辑的特点是开辟了新的栏目“民族口述史学”；当前口述史学在国际国内都很热门，民族研究更需要口述史学的方法搜集和扩大资料。

《年谱》：“11月，去泰国曼谷拜访在联合国教科文组织工作之美国友人金大龙、白海思及泰国学者，并赴清迈、清莱及金三角开展口述民族史工作。”

12月，《民族学报》（第八辑）由云南人民出版社出版发行。本辑开辟“口述民族史”专栏，刊载民族研究中心研究成果两篇。先生发表《关于开展口述民族史研究之我见》，倡导有计划地开展口述民族史学的研究工作。

> 《关于开展口述民族史研究之我见》：
>
> 口述史学是抢救、积累和扩展历史资料，提高史学科学性一种重要手段，可说是学术研究一项“基本建设”，西方几所著名大学（哥伦比亚大学、斯坦福大学等）设有专门机构开展这项工作，已取得举世瞩目的成就。中国史学家在这方面作出重要贡献的当然是世人熟知的唐德刚先生。他记录整理出版的顾维钧、李宗仁、胡适、张学良几部口

① 《汪宁生集》第三卷，727~728页。

述史学大作，已成中国近现代史之经典，资料丰富翔实，文字生动风趣，不仅为治史者必读之书，即一般人读之亦不忍释手。

忆1993年举行顾颉刚先生诞辰100年纪念大会，海内外学者云集苏州，我有幸与唐先生在会上相识，虽未及深谈，而先生侨居海外执教名校数十年，仍是乡音未改，满口合肥方言，针砭时弊，快人快语，完全保持中国读书人本色，贻我以深刻印象。

最近唐先生逝世消息传来，使我想起凡是前辈们开创的有价值的学术活动应该继续和扩展。我们从事民族研究，有关文献材料更为缺乏，更需以口述史学方法来抢救资料。从本辑开始在《民族学报》开辟专栏发表这类文章，并有计划征集和组织稿件。除本辑发表一位壮族土司族人、一位彝族毕摩的口述史外，正在进行的还有西双版纳傣族土司等。

现就我们开展这项研究工作以来对口述民族史学的特点和方法的一些体会介绍如下，以供学界参考。

（一）口述民族史学与一般口述史学不同，它的访问对象恐怕不能限于身经历史重大事件，曾在政治舞台上叱咤风云或对社会有重大影响的“大人物”。只要是对自己民族社会和文化某一方面起过作用或通晓情况的人，均可作为访问调查的对象。例如，一个普通的头人或其后裔、本族历史上某一事件的经历者、一位宗教人士或巫师、一个歌手或熟悉本族口头文学人士、一项传统手工技艺的传人等等，他们的生平和掌握的知识，对研究这个民族的过去都是非常重要的。记录他们口述的历史，不仅可为民族史研究添砖加瓦，而且还可为民族学研究特别是编写全面详细的民族志提供有价值的资料。

按文化人类学（民族学）调查工作本来就有一种记录的方法称为“原文”（texts），即将调查对象的谈话作出完整记录，对于提供政治、经济、社会任何一个方面情况的报告人，均可使用这一方法，其要点与口述史学所用方法并无不同，两者可以结合进行。

（二）口述民族史的编写形式应该多种多样。少数民族受访对象有些文化程度不高，过去或不曾受到正规教育，他们也许不太可能对自己一生作连贯的叙述，也不习惯按调查整理者提供的提纲逐一回答问题，往往会兴之所至大谈特谈，重复颠倒之处在所难免。故口述民族史学的成果可以是全凭当事人口述（假如它是完整的话）以第一人称口气按年代先后整理出来，也可能是将历次口述的记录综合起来由调查整理者以第三人称编辑成书。

在西方人类学文献中，这类著作中两种体裁都曾使用。例如：*I, Nuligak* 一书是记录一个爱斯基摩人（因纽特人）从幼年到娶妻的经历，全书自头至尾以第一人称写成。人类学中经典著作 *Ishi* 一书则是著名人类学家克娄伯（I. kroeber），根据加利福尼亚印第安人雅纳（Yana）部落的一支雅希人（Yahi）最后一个成员 Ishi 口述以第三人称写成的传记，讲述该部落的历史、神话故事及传统技艺（他制造的该族工具和用具至今仍陈列于柏克莱加州大学的博物馆中）。此外，根据墨西哥伊斯特兰人（Ixtlan）一个名叫 Don Juan 的巫医口述他对当地药用植物的知识和经验写成的 *The Teaching of Don Juan: A Yaqui Way of Knowledge* 和 *Journey to Ixtlan: The Lessons of Don Juan* 两书，当属于同一类著作，也是以第三人称编成的。

我们认为，只要是根据某一民族人士口述自己生平、经历和经验写成的专著而不夹杂其他来源的资料和调查整理者的议论和意见（当然可以写些注释），都可列入口述民族史学的范畴。

（三）口述民族史应该充分反映口述者的观点。按人类学调查方法中向来就有“主位”和“客位”之争。虽然我个人认为科学的态度应该是兼顾“主位”和“客位”（见《文化人类学调查——正确认识社会的方法》，41—42 页），但在口述民族史中应该完全采取“主位”的方法，即完整记录口述者的看法，以利保存史料的原貌。少数民族人士有自己的宇宙观和价值观，他们对事物有些认识可能与调查整理者自己具有的“常识”相悖，对此，我们必须完全尊重，讲述时不能打断和反驳，记录时只能“有文必录”，不能增删。例如，本期发表的《一个彝族毕摩的自述》一文中，彝族毕摩认为他现在为彝族人士念经驱鬼治疗疾病，常有奇效，我们也照样记录。假如一位毕摩不相信驱鬼可以治病，也就不成其为毕摩了。

总之，口述民族史不应是单纯的史学，它可以为史学和人类学两门学科搜集资料，当然就要参照这两门学科前人所开创的行之有效的方法来建立自己的方法论。

据说最近其他学人也在开展口述民族史学的研究工作，我们听了很高兴，颇有“吾道不孤”之感。以上几点意见，愿与同行共同讨论。希望能尽早看到有更多这方面研究成果问世，更欢迎能将这方面研究成果惠寄本刊。①

① 《民族学报》（第八辑），381～382 页。

6月，发表 *Changes in Ethnic Identity Among Han Immigrants in the Wa Hills from the 17th to 19th Centuries.*（*The Asia Pacific Journal of Anthropology*, Vol 11, No. 2, June 2010）。

是年，《释“辛”》简体字本发表于《社会科学战线》（2010年第2期）。

是年，《社会科学战线》（2010年第2期）刊载王永平《一个勇于探索的学人——记民族考古学家汪宁生先生》。文章对先生几部重要著作进行评述，其中指出：《云南沧源崖画的发现与研究》“在中国崖画研究中具有典范意义。首先，它总结了一套科学的崖画研究的田野工作方法。其次，它确立了崖画研究的一些基本典范。该书1988年获国家民委哲学社会科学优秀成果一等奖，并为中国崖壁艺术研究赢得了国际声誉。”又《试论中国古代铜鼓》“在研究方法上具有独创性，即提出了在铜鼓研究中应该先确立‘标准器’，然后以‘标准器’作为断代、分区的尺度，避免仅凭形制、花纹排列铜鼓先后顺序的做法。这一研究方法已被广泛接受。”又说：“汪先生虽然长期身居西南边陲地区，但却时刻关注着世界民族考古学和文化人类学的发展，其对西方相关著作和学说的了解，和身处北京等学术中心的主流学界相比，有过之而无不及。1968年至1971年在泸西插队期间，先生就开始翻译德国学者利普斯的名著《事物的起源》。该书的翻译出版，不但汪先生本人获益良多，整个中国民族考古学和文化人类学界也受益匪浅。改革开放后，汪先生走出国门，遍游五大洲，学习和了解世界民族考古学的成就和研究方法，结合自己多年的经验，总结出一套适合于中国的民族考古学调查和研究方法，为民族考古学在中国的本土化做出了积极贡献。中国的民族考古学能有今天的一些成果，汪先生可谓居功至伟。”

2011 年　辛卯，82 岁

1 月 4 日，先生与云南省民族研究所研究生座谈。

吕星、郑文婷、张文兰《汪宁生教授与研究生座谈》：

“希望能跟年轻人多在一起。”2011 年 1 月 4 日，汪宁生先生应邀与民族研究所考古与博物馆学专业及民族学两个专业的部分研究生同学见面座谈。汪老开始对前来求学的同学们作了上述表示。“人人皆可做学问”是汪先生谈话的题目，他以此鼓励年轻人要有自信。只要有志治学，无论原来水平如何，将来从事什么工作，通过努力，均可做出成绩。他向与会同学简述了自己的治学经验，充分回答了同学们的具体疑问。他一共讲了三个问题：

（一）做好人生规划

汪先生强调不管是立志求学，还是做其他任何事业，都必须规划好自己的人生，方可踏实进取。没有细致规划时间很容易被挥霍浪费。缺少清晰的人生目标，就不可能做到持久，恒心，有毅力。大家既然已经来读研究生，实际上已走上治学的道路，假如今后放弃，便浪费了人生最好的一段时间。

（二）培养学术兴趣

做学问是很清苦的，惟有对研究工作发生兴趣，乃能乐在其中，乐此不疲。强烈的求知欲能够让人无惧无求，兴趣并不是一时兴起，而是终身所好。立志走学术之路的同学，需要有意识地磨炼（勤动笔），多做研究，不断取得成果，你会感到做学问真是其乐无穷。

在回答同学关于如何养成学问兴趣的相关困惑时，汪先生更是以己为例，追忆当年为了写作，他曾接连几天整夜未眠。可见，兴趣的牵引确实能够让人废寝忘食。

（三）完善做学问基本功

古文、英文（或其他一门外文）和文字表达能力，是汪先生认为研究人文科学的人（特别是研究考古学的人）必须具备的最基本条件。

首先，通畅、流利地阅读古代文献，才能查阅掌握本专业相关的资料，了解前人成就；其次，掌握当今世界的强势语言英文，至少能阅读国外有关书刊，才能及时了解学术动态扩大视野；最后，要能够掌握将心之所想，用学界流利的书面语表达出来，才能传递给读者和同行，以飨他人。

在此次座谈会接近尾声之时，主持人图书馆馆长赵世林老师对座谈内容进行总结时表示，希望今后能将“清苦为学，清高做人”的学术精神传承延续。①

1月，《顾颉刚读书笔记》由中华书局书版，是为《顾颉刚全集》之一。全书17卷（索引1卷），在台湾联经出版有限公司1990年版的基础上，补收顾氏早年北京大学读书时的笔记五种及《浪口村随笔》、《史林杂识初编》，是收入顾颉刚读书笔记最全的一版。

4月18日，先生抵南宁，下午与广西民族大学民族学与社会学学院座谈。

4月19日，访瑶学会会长张有隽教授。

4月20日上午，先生偕夫人王云慧女士由广西文物考古研究所

---

① 云南民族大学民族研究中心网站，网址：http：//202.203.144.4/myzhx/notice/notice_ 46.htm

副所长黄槐武陪同乘车前往合浦，参观考察汉代古墓群，当晚抵北海，了解情况，准备今后在北海周围开展工作。

《年谱》："5 月 9 日，接待台北市立教育大学参访团。"

冷雪梅《台北市立教育大学与云南民族大学结成姐妹学校》：

2011 年 5 月 9 日上午，由云南民族大学民族研究中心学术顾问汪宁生教授引荐，台北市立教育大学历史与地理学系郭大玄主任、秦照芬副教授等一行到云南民族大学参观访问，意欲展开校际合作，结成姐妹学校。云南民族大学副校长马丽娟教授和国际交流处处长马励教授在莲华校区行政楼一会议室接待参访团。民族研究中心工作人员出席本次会谈……会后，汪宁生教授向参访团赠送《民族学报》，并向他们约稿。①

6 月 26 日，修订增实《自编年谱》。

7 月 22 日，访问三峡大学长江三峡发展研究院。

《著名学者汪宁生先生访问长江三峡发展研究院》：

7 月 22 日上午，来自云南民族大学的著名人类学家、考古学家汪宁生教授来长江三峡发展研究院访问。当日，汪宁生先生还与长江三峡发展研究院、文学院与传媒学院、艺术学院、马克思主义学院、图书馆、学报从事民族学、人类学研究的老师进行了座谈。座谈会由长江三峡发展研

① 汪宁生主编：《民族学报》（第九辑），467 页，昆明，云南人民出版社，2012。

究院院长黄柏权教授主持。黄院长介绍了我校民族学、人类学学科建设情况。汪先生对我校民族学学科建设给予了充分肯定。他认为：学校是干大事的，有大气魄，引进了一批人才，汇聚了一支队伍，研究人员的勤奋好学给他留下了深刻印象。他还认为，三峡大学的民族学研究从实际出发，立足本地资源，不追求时髦，这样下去很有希望。

汪先生还结合自己田野调查的经验，强调田野工作的重要，并就田野调查的相关问题和与会老师进行了交流。汪先生还耐心解答了老师们提出的问题。三峡大学科技处副处长田强教授参加了此次座谈会。①

8 月，《纳西学资料丛编·纳西族考古文物资料汇编》出版，收录先生《纳西族的仪式用木牌和汉代烽燧遗址出土人面木牌》《从文物考古材料看滇藏关系》二文。②

12 月初，赴海南开展口述民族史调查。期间应海南大学图书馆馆长詹长智教授邀请，为海大师生作有关口述民族史的学术报告。

《年谱》：“是年《汪宁生集》编成，交学苑出版社印行，共 4 卷，收书 11 种，凡 400 余万字。”

2012 年　壬辰，83 岁

1 月 12 日下午，《民族学报》（第九辑）编委会会议在云南民族大学莲华校区行政楼一楼会议室召开，先生向编委会介绍民族研究

① 《著名学者汪宁生先生访问长江三峡发展研究院》，载《三峡论坛（三峡文学·理论版）》，2011（5）。

② 木基元主编：《纳西族考古文物资料汇编》，昆明，云南民族出版社，2011。

中心开展口述民族史调查研究情况。

3 月，《民族学报》（第九辑）由云南人民出版社出版发行。

7 月，《大理文化研究论丛》（第五辑）出版，收录先生旧作《阿昌族的铁器制作》一文。①

10 月，先生立下遗嘱：身后不开追悼会，不要花圈，用最快速度一烧了之；不留墓地，骨灰撒在树下，不在人间留下任何痕迹。

《年谱》：“日本福冈西南学院大学王孝廉教授来访。”

是年，组织民族研究中心人员赴广西、贵州等地开展口述民族史的调查和整理工作。

2013 年　癸巳，84 岁

2 月，《听顾颉刚谈鲁迅》发表于《温故》第二十四辑。②

3 月 20 日下午，《民族学报》（第十辑）编委会会议在云南民族大学莲华校区行政楼一楼会议室召开，先生就《民族学报》的建设和如何提升办刊质量等问题作发言。

5 月，《民族学报》（第十辑）由云南人民出版社出版发行。

《年谱》：“6 月，挪威约让（Jorunn）教授夫妇来访问候。并告知勃克曼（Harald Lars Bøckman）若 9 月签证批准，将继续合作翻译中国西南民族地区明清碑刻中原生态保护资料。”

《年谱》：“8 月，美国康奈尔大学马思中（Magnus Fiskesjö）博士夫妇携子来访，谈及今后的合作研究问题。”按：8 月 13 日，马思中来访，先生设宴招待，云南民族大学原副校长张桥贵及民族研

① 寸云激主编：《大理文化研究论丛》（第五辑），北京，民族出版社，2012。

② 刘瑞琳主编：《温故》第二十四辑，桂林，广西师范大学出版社，2013。

究中心同仁作陪。

8月30日，先生到民族研究中心，听中心成员汇报暑期田野考察情况，并重新安排《民族学报》编辑部工作。

9月4日，布置编辑《民族学报》（第十一辑）事宜，并指导民族研究中心同仁对云南明清生态碑刻资料进行整理和研究。

9月9日，先生因肺部旧疾入住云南省红十字会医院（云南省第二人民医院）。

9月29日，约民族研究中心同仁到家中聚谈，指导《民族学报》（第十一辑）的具体编辑工作，对多篇稿件提出修改意见。

10月14日，在家中为民族研究中心青年学者讲授整理碑刻的原则及方法。读顾颉刚《史林杂识初编》。

11月上旬，组织民族研究中心同仁开展口述史调查工作，先生亲赴海南考察。

11月20日，与民族研究中心青年学者谈治学，谓云南古代学者有陈履和及方玉润二人值得表彰。

《年谱》："11月，策划《口述民族史》（第一辑）。"

12月5日，与民族研究中心同仁聚谈，安排《口述民族史》（第一辑）的编稿与出版事宜。

12月，《汪宁生集》出版（学苑出版社，2013年），收录先生已出版及发表的绝大部分论著。先生在"后记"中说："过去文章编入文集或一本书再版时，发现问题已不断作出改正。这次结集又续有更多的修改或增删。今后读者惠阅拙作，自应以这个集子为准。"

12月，中山大学历史学系徐坚教授发表《跨越边界：铜鼓民族考古学的三个范式》（《学术月刊》2013年12月号）论文，总结20世纪初以来的铜鼓研究，指出在既往的铜鼓研究中，基于不同的民族考古学观念，出现了三种显著有别的研究范式，即以鼓证铎的一般比较范式、今证古的直接历史范式、以"夸富宴"思路为代表的新考古学范式。其中“汪宁生提出的夸富宴模式为解决铜鼓的使用问题提供了正确方向”。

徐坚《跨越边界：铜鼓民族考古学的三个范式》节录：

20世纪80年代晚期，汪宁生提出了具有划时代意义的“夸富宴”思路，不过其价值尚未得到全面揭示和评估（汪宁生：《铜鼓与“夸富宴”》，见《庆祝苏秉琦考古五十五年论文集》，第466—472页，北京，文物出版社，1989）。“夸富宴”说并不仅仅是为铜鼓的使用方式提供了一种新选择或者新思路，而是在中国民族考古学中首次提出器物与情境的特定关联，表明考古学器物的特定使用方式和社会功能只能在其自身的情境中予以界定，这对民族考古学具有范式性影响……

汪宁生的夸富宴阐释建立在图像分析之上。他征引了慕烈、玉镂、黄下和开化诸鼓的鼓面主晕纹饰，准确地辨识出主晕带的叙事性图像描绘的是夸富宴场景。但是，对夸富宴上使用的铜鼓的功能解释却令人遗憾地退回到去情境化的孤立器物上，提出“这片广大地区流行的铜鼓便是在夸富宴性质活动中使用的敲击乐器”。此外，汪宁生提出夸富宴上作为乐器的铜鼓和作为食器的铜釜的组合关系，将两者共存于墓葬之中作为夸富宴观念的表达方式。虽然葬礼可能是夸富宴的使用情境之一，但是没有任何实证性材料证明墓葬空间和随葬品内完整地表达了夸富宴观念。汪宁生敏锐地指出，墓葬中同出的铜鼓和铜釜之间不构成形态上的渊源关系，但是替代性地提出与夸富宴相关的鼓釜组合也缺乏强有力的支持。鼓釜同出自特定墓葬，但是两者可以有完全不同的来源和象征价值……

夸富宴模式的革命性意义不仅仅在于提出了回到情境，即考古学材料需要在自身独特的历史情境中认知和阐释的观念，并且等同地将反思推广到图像文本、物质文本、书写文本甚至口承文本，更重要的是，夸富宴思路提供了一种有别于东亚大陆类型青铜文明的早期国家文明框架的远景，尽管如何从制度性行为过渡到社会组织方式还有待填补更多细节。

2014年　甲午，85岁

《年谱》："1月，与民族研究中心同仁讨论并布置《民族学报》（第十一辑）稿件编辑事项。"

1月9日，因病入住云南省红十字会医院。病榻上读田汉、郁达夫诗。

1月24日晚，收到学苑出版社邮寄《汪宁生集》（四卷本）。①

1月30日，因病再次入住云南省红十字会医院。

2月1日下午13点40分，先生病情遽然恶化，在红会医院与世长辞。遗体安置于昆明市殡仪馆（油管桥），教场西路18号荷叶馨园小区家中设立灵堂。

2月5日，《云南日报》第2版刊登讣告，正式向社会公布先生逝世的消息。

讣告：

著名考古学家、民族学家，云南民族大学民族研究首

---

①《汪宁生集》二部于2014年1月24日寄达昆明，下午民族研究中心助理研究员彭洪俊前往巫家坝物流公司取得，晚7时许送至汪府，呈交先生。孔令远、李艳华《汪宁生：中国民族考古学的创建者》（《中国文化遗产》2014年第2期）说："今年1月25日，先生收到刚刚印出的《汪宁生集》。"不确。

席科学家、离休干部汪宁生先生，因病医治无效，于2014年2月1日13∶40在云南省红十字会医院不幸逝世，享年85岁。

遵照汪宁生先生本人遗嘱及亲属的意见，丧事从简，定于2014年2月7日（星期五）上午8∶30在昆明市殡仪馆（油管桥）送别汪宁生先生。上午10∶30在昆明西郊殡仪馆火化。特此敬告汪宁生先生生前亲朋好友节哀。

云南民族大学

2014年2月4日

2月7日上午8时30分，先生遗体告别仪式在昆明油管桥殡仪馆举行。先生生前好友、联合国教科文组织顾问白海思（Heather Peters）博士代表国际学术界同仁讲话致哀。仪式结束后，先生遗体由家属、学界好友及学生护送至昆明西郊殡仪馆（在安宁市）火化。尊重先生遗嘱，不留墓地，骨灰按先生意愿撒在了他毕生钟爱的红土地。

谱　　后

2014年　甲午

3月14日，《中国民族报》第7版“理论周刊·时空”栏刊出尹绍亭《悼念汪宁生先生》一文。

尹绍亭《悼念汪宁生先生》节录：

上世纪80年代，云南学界出现了几个有影响的交叉学科，民族考古学即为其中之一，汪先生是该领域的开拓者。什么是民族考古学？汪先生认为“民族考古学就是民族志资料和考古学资料的比较研究”。由此看来，民族考古学与其说是一种理论，不如说是一种方法更为贴切。早在上世纪60年代，汪先生受顾颉刚先生的影响，即开始尝试应用学科交叉比较方法从事调查研究，经20年探索积累，至上世纪80年代初国门打开，引入民族考古学概念，一个新的交叉学科才在中国应运而生，此可谓实至名归，水到渠成。汪先生勤奋执着，学贯中西，注重研究方法，追求“尽陈言之务去，乃他人所未发”，他的治学精神和业绩，值得我辈终身学习。

考古学家张增祺先生获悉先生逝世的消息后说："他是考古学界、历史学界一位重要学者，他走了，一个时代结束了。"是的，一个时代结束了，而其留下的学术遗产不会湮没，且将随着岁月之变迁而弥足珍贵，流传千古。

3月15日，《云南民族大学学报（哲学社会科学版）》2014年第2期，刊载王东昕《忆当代著名民族考古学家、文化人类学家汪宁生（1930.5~2014.2）》一文，对先生的学术领域及学术成就作了简明扼要的述评。

《中国文化遗产》2014年第2期"遗产视野"栏发表孔令远、李艳华撰《汪宁生：中国民族考古学的创建者》一文。篇首语云：

汪宁生先生是中国民族考古学的倡导者和开拓者。1959年北京大学考古专业毕业，在中央民族学院历史系短期任教后，调云南长期从事考古学和民族学调查研究工作，足迹遍及中国西南大地。他对云南地区考古的综合研究、云南青铜文化一系列的考释及云南崖画的发现和研究，均取得令人瞩目的成果，特别是利用民族资料研究中国考古学和古代史，在国内外享有盛誉。他在民族考古学和文化人类学研究领域的独到见解和开创精神，奠定了中国民族考古学的理论体系根基。

《今日民族》2014年第5期发表木基元《插柳之恩终难忘——缅怀汪宁生先生》一文。

木基元《插柳之恩终难忘——缅怀汪宁生先生》节录：

汪宁生先生是云南民族大学教授，国际考古学界的知名学者，云南20世纪学术界的杰出代表之一。长期从事云南民族历史的考古、田野调查及系统研究，是我国民族考古学奠基人，民族文化人类学代表和中国考古人类学、先秦史学学科带头人，曾获美国著名的卢氏基金及挪威人文科学基金会奖。先后在世界三十多个国家讲学，介绍云南民族文化，著作达400余万字，培养了大批云南本土民族理论历史研究人员，奠定了云南民族人文学科的基础，是云南民族现代人文历史研究当之无愧的奠基人和拓荒者，为提高云南民族历史、考古、人文学科学术水平作出了突出贡献……

1954至1959年，汪宁生在北京大学历史系学习考古学，从此确定了其今后的人生道路。毕业后先是留校，一年后调中央民族学院。1964年底，汪宁生调到云南省历史研究所，1979年调入云南民族学院。1960年汪宁生便参加由全国人大统一领导的云南民族调查组，到四川茂汶、凉山、黔西北、滇东北调查，让他一生与民族学田野调查研究结下了不解之缘。其主要著作有《云南考古》《云南沧源崖画的发现与研究》《中国西南民族历史与文化》《文化人类学调查》等，在《考古学报》《历史研究》（台湾）《故宫文物月刊》等权威刊物发表了一大批具有重大影响的学术论文，成果达400多万字。丰厚的学术成果，使汪宁生成为中国民族考古学这一边缘学科的建立者之一，学界素有“南汪（宁生）北宋（兆麟）”之称。

《云南文史》2014年第2期总第117期设“汪宁生纪念专栏”，刊载张长《我所认识的汪宁生先生》、林超民《著作宏富、矩范长昭——记汪宁生先生》、尹绍亭《先生远行 余响不绝》、侯冲《求真务实》、木基元《插柳之恩终难忘——缅怀汪宁生先生》《汪宁生先生著述一览表》、木文娟《汪宁生与滇西北民族历史文化研究》等文。

林超民《著作宏富、矩范长昭——记汪宁生先生》节录：

从事考古学的专家甚夥，从事民族学的专家亦众，将民族学与考古学相结合并作出令人信服的成就者，汪先生是学界第一人！他运用今日可见之民族志资料与中国古史之记载以及现今考古之发现进行类比—验证、进而揭示历史之本来面目的民族考古学方法的学习、探索，并在以后的研究中加以运用，为西南古史中一些疑难问题的解决奉献了他的智慧。1976年，他在《考古》第四期上发表的《八卦起源》，利用凉山彝族等西南少数民族中流行的“数卜法”，推论《周易》中的八卦起源于“古代巫师举行筮法时所使用的一种表数符号”，从而推翻了伏羲画八卦的传统说法，也否定了近代以来八卦起源于龟卜兆纹、男女生殖器、上古文字等等一些毫无根据的推测。这是民族考古学的经典论文，在中外民族考古学界受到同声赞誉。1989年，汪先生的《民族考古学论集》由文物出版社出版发行，论集汇聚了他1989年以前的民族考古学研究成果，集中反映了他从事民族考古学研究成果以及在学术思想、研究方法诸方面的发展历程，这是民族考古学的开拓奠基之作。奠定了汪先生在民族考古学科开创者的学术地位。

8月，《口述民族史》（第一辑）由云南人民出版社出版，收录先生《关于开展口述民族史研究之我见》，以为“代序”。此书为先生多年以来带领民族研究中心同仁进行口述民族史调查研究成果的结集。按照先生之规划，开展民族口述史调查研究是一项长期持续的工作，以后积累成果，仍然陆续汇集出版。

10 月 10 日，《云南政协报》刊出云南省社科院研究员、省文史馆馆员王国祥《风范长存说宁生》一文。

2015 年　乙未

1 月，《文化人类学调查——正确认识社会的方法》单行本第三版由学苑出版社出版。

4 月，《民族学报》（第十一辑）由云南人民出版社出版发行。先生晚年心力尽萃于《民族学报》，自 2006 年迄今，凡主编出版 8 辑，嘉惠学林良多。本辑特设“汪宁生先生遗文选刊”专栏，发表《一位拒不认错的北大右派教授——怀念胡稼胎先生》《听唐兰先生讲授古文字学》二文，以志纪念。附录《汪宁生自订年谱》，由家属修订，增补至 2014 年 2 月 1 日先生辞世。

先生晚年常说，脑中蓄有很多研究选题，有的已经准备好材料，但由于身体日衰，精力不逮，未克成文。先生与诸多学界著名人物的交往，是当代学术史上的重要内容，先生曾计划写作回忆录，已拟就提纲，但只写出《听顾颉刚谈鲁迅》《一位拒不认错的北大右派教授——怀念胡稼胎先生》《听唐兰先生讲授古文字学》，余皆未及形诸文字，殊为遗憾。

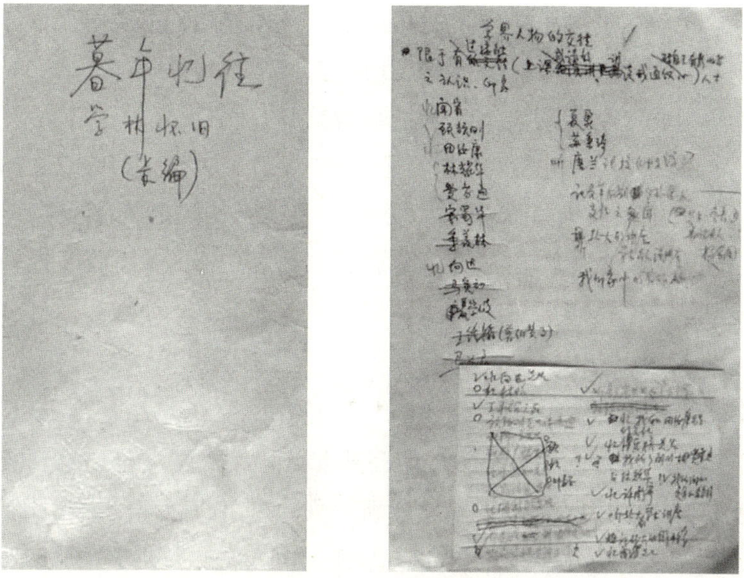

图八　汪先生自传手稿封面及所拟回忆人物名单①

2月25日，《考古》2015年第2期出版，刊载孔令远《汪宁生与中国民族考古学》论文。全文共三部分，一为“中国民族考古学的历史与现状”，二为“汪宁生的学术贡献”，三为“汪宁生的治学特点”。文章指出：“汪宁生先生多年从事西南地区少数民族调查研究工作，主要兴趣在于搜集民族志材料以研究中国古史和中国考古学，其研究范围和方法论与欧美流行的民族考古学若合符节，经过近半个世纪以来持之以恒的努力，创建了中国民族考古学。”汪先生在民族考古学、文化人类学、中国上古史、崖画研究等方面取得巨大成就，享誉国际。而先生的治学方法主要有四方面：“其一，读万卷书，行万里路，注重通过田野调查获取第一手材料。”“其二，重视中外学术交流，并身体力行之。”“其三，提出考古学资料、文献

① 采自《民族学报》第十一辑，399页。

记载、民族志资料相结合的三重证据法。”“其四，重视对民族考古学理论和方法的思考，努力构建民族考古学的学科体系。”本文是目前学界对先生学术成就及为学之道最深刻的总结。

6月8日，云南民族大学召开2015年第8次校党委会议，同意通过《云南民族大学“三定”方案》及《云南民族大学贯彻落实“三定”方案实施方案》，正式撤销民族研究中心。《民族学报》再次停刊。

2016年　丙申

《云南文物》2016年第2期刊载北京科技大学冶金与材料史研究所李晓岑教授《云南学术发展新阶段的杰出代表——纪念汪宁生教授》一文。文章总结了20世纪以来云南人文社会科学发展的三个阶段，指出在20世纪80年代至21世纪初这一阶段，“云南学术界部分优秀人才已采用有现代水平的西方学术方法治学，主要以汪宁生先生为代表。尽管汪先生的学术开始于20世纪60年代初，但成为云南人文社科界的代表性人物却是到20世纪70年代末，以后一直引领风骚。对现代西方学术发展的了解，外语的谙熟，精湛的传统学术功底，坚实的田野调查基础，深厚的理论修养，使他的研究既具有一种现代西方学术的风格，又有一种根植于传统学术的继往开来的风采，成为知识结构全面适应现代学术发展的第一位云南学人。所以，他是云南学术界（社科界）与国际学术界接轨而取得重要成绩的第一人，并成为中国民族考古学的奠基人。从个人特点来看，汪宁生先生的研究，已出现较强的专业性而又有广阔的视野，其成就是非常卓越的”。汪先生的学术成就大致有中国西南民族的历史与文化、以民族调查来研究古代重大学术问题、对文化人类学的研究、云南及少数民族科技史研究、沧源崖画的发现和研究等几个方面，“以研究精深、见解新颖而见长”。“由于诸多的学术贡献，以及学术境界高远，汪宁生先生成为第一位取得世界性声望的云南人文学者，学术影响深远，对民族学、考古学和历史学都有巨大的推动作用，成为民族考古学等学科的奠基人。”

是年，《南方民族考古》第十二辑出版，刊载先生遗文《欧美的汉学研究》及孔令远《纪念汪宁生先生》一文。①

① 四川大学博物馆、四川大学考古学系、成都文物考古研究所：《南方民族考古》第十二辑，北京，科学出版社，2016。

附　录

附录一　汪宁生先生小传五种

汪宁生，1930年生于南京。北京大学历史系毕业后，一直从事民族学和考古学的教学和研究工作。已出版专著4种、译著1种及论文集2种。他认为自己一生中最有意义的工作是参考民族志资料研究中国古史及考古学（其主要成果已编成《民族考古学论集》），常能提出一些新的看法，受到学界重视，为民族考古学这门新兴边缘学科在中国的建立做出了贡献。在云南首次发现崖画则是他的另一贡献，所著《云南沧源崖画的发现与研究》是中国崖壁艺术的第一本专著。他无任何业余爱好，视外出考察旅游为人生最大享受。他几乎走遍了中国西南民族地区。近年来以出国讲学或开会之便又多次访问国外少数民族。他的易洛魁印第安人、平原印第安人、爱斯基摩人及挪威以驯鹿为生的沙米人的考察记，已陆续在报刊发表。

——摘自《西南访古卅五年》，济南，山东画报出版社，1997。

汪宁生（1930—），又名林声。江苏南京人。1959年毕业于北京大学考古系。在中央民族学院、云南省历史研究所、云南省民族研究所、云南民族学院等单位任助教、副研究员、研究员，曾兼任云南民族学院历史系主任、美国宾夕法尼亚大学、费城国际人类问题研究所高级研究员、窟壁艺术国际委员会成员等职。长期从事中国西南地区的民族的历史、考古、文化的研究。著有《中国西南民族历史与文化》、《文化人类学调查——正确认识社会的方法》等。

——摘自王建民、张海洋、胡鸿保《中国民族学史（1950—1997）》，昆明，云南教育出版社，1998。

汪宁生（1930—），男，江苏南京人，北京大学历史系（考古专业）毕业。长期在西南地区从事考古和民族学的教学和研究工作。曾任云南民族研究所研究员兼副所长、云南民族学院教授兼历史系主任等职，并在欧美几所大学担任过客座教授。1995 年，受聘为云南省文史研究馆馆员。著述主要有论文集四种（《民族考古学论集》、《古俗新研》、《文化人类学论集》、《中国西南民族的历史与文化》）、专著四种（《云南考古》、《云南沧源崖画的发现与研究》、《铜鼓与南方民族》、《文化人类学调查》）、日记一种（《西南访古卅五年》）及译著一种（《事物的起源》）行于世，并已编成合集（《汪宁生论著萃编》）两卷出版。

——摘自云南省文史研究馆编《云南省文史研究馆馆员名录》，268 页，内部资料，2004。

汪宁生，著名学者，云南民族大学教授，1930 年 5 月生于南京，北京大学历史系考古专业毕业。半个多世纪以来主要从事民族学和考古学的研究工作，几乎走遍中国西南少数民族地区，是云南第一批走出国门的学者，迄今已访问过 29 个国家，写下了约 300 万字的著作，是中国民族考古学这一边缘学科的建立者之一，有“南汪北宋”之称。其主要著作有：《云南考古》、《云南沧源崖画的发现与研究》、《中国西南民族历史与文化》、《铜鼓与南方民族》、《古俗新研》、《民族考古学论集》、《文化人类学论集》等。

——摘自《民族考古学探索》，昆明，云南人民出版社，2008。

汪宁生教授1930年5月生于江苏省南京市。1954年考入北京大学历史系考古专业，1959年毕业后分配到中央民族大学历史系工作。现为云南民族大学教授。1960年5月，汪宁生教授作为中央民族大学教师，被派参加由全国人大统一领导的云南民族调查组，开始接触民族调查研究。其间读了顾颉刚先生抗战时期在昆明写成的《浪口村随笔》（后改名为《史林杂识》）一书，受顾先生用边疆少数民族文化习俗资料考证古代问题的影响和启发，开始尝试利用民族学材料研究考古学和古史问题，从此走上民族考古学研究的道路，至今已近半个世纪，是中国民族考古学开拓者之一。

——摘自何星亮主编《中国人类学民族学百年重要著作提要》，154页，北京，知识产权出版社，2009。

附录二　《汪宁生集》所收论著目录

一、《汪宁生集》总目录

第一卷

民族考古学论集

古俗新研

附录

第二卷

云南沧源崖画的发现与研究

云南考古

中国西南民族历史与文化

第三卷

文化人类学调查——正确认识社会的方法

文化人类学论集

铜鼓与南方民族

（译作）事物的起源

第四卷

西南访古卅五年——民族调查日记选辑

始信昆仑别有山——海外游学日记选辑

序跋·年谱

关于汪宁生先生及其作品的评介

后记

二、《民族考古学论集》目录

1. 自序
2. 谈民族考古学
3. 再谈民族考古学
4. 三谈民族考古学
5. 从原始记事到文字发明
6. 从原始计量到度量衡制度的形成
7. 初民时间、空间和数字概念探源
8. 中国考古发现中的“大房子”
9. 仰韶文化葬俗和社会组织的研究——对仰韶母系社会说及其方法论的商榷
10. 几种原始技术的探索
11. 谈几种石器的用途和用法
12. 再谈史前器物用途用法问题
13. 从傣族制陶谈中国远古制陶术几个问题
14. 河姆渡文化的“骨耜”及相关问题
15. 云南少数民族的取火方法——兼谈中国古代取火
16. 傣族制陶的民族考古学研究
17. 基诺族的“长房”
18. 他鲁人的羊骨卜——附论古代甲骨占卜习俗
19. 彝族和纳西族的羊骨卜——再论古代甲骨占卜习俗
20. 佤族铜鼓
21. 水、苗、壮、彝诸族使用铜鼓的习俗
22. 阿昌族的铁器制作
23. 纳西族的仪式用木牌和汉代烽燧遗址出土人面木牌
24. （附录）*Yangshao Burial Customs and Social Organization*

三、《古俗新研》目录

1. 明堂考略
2. 阴阳观念探源
3. 八卦起源
4. 耒耜新考
5. 耦耕别解
6. 说田猎
7. 释“武王伐纣前歌后舞”
8. 读《伐檀》偶识
9. 释“辛”
10. 释“臣”
11. “小臣”称谓之由来
12. 古代礼俗丛考
13. 古代婚丧习俗丛考
14. 初民生活习俗丛考

四、《汪宁生集》第一卷附录

1. 多所见闻　以证古史——记顾颉刚先生对我的启迪和帮助
2. 以治学为职业 作真实之贡献——读《顾颉刚读书笔记》有感
3. 历九州之风俗 考先民之史迹

五、《中国西南民族历史与文化》目录

1. 前言
2. 试论中国古代铜鼓
3. 试论不对称形铜钺

4. 试论石寨山文化

5. 晋宁石寨山青铜器图像所见“滇”人的经济生活和社会生活

6. *The Formation of Early States in Highland Southwest China*

7. 晋宁石寨山青铜器图像所见古代民族考

8. 试释晋宁石寨山出土铜片上的图画文字

9. 云南古代青铜艺术赏析

10. 云南青铜器丛考

11. *An Introduction to Rock Paintings in Yunnan, China—— Some New Light on the Old Shan Kingdom*

12. 四川珙县悬棺附近之崖画和沧源崖画

13. 南诏几个城址的考察

14. 南诏中兴二年画卷考释

15. 考古发现与云南古史

16. 古代云贵高原上的越人

17. 秦代云南设治考

18. 滇楚关系初探

19. 从文物考古材料看滇藏关系

20. 金马碧鸡之谜

21. 大理白族历史与佛教文化

22. 远古时期云南的稻谷栽培

23. 古代云贵高原上的养马业

24. 谈云南开始制造铁器的年代问题

25. （附录）汉晋西域与中国文明

26. （附录）*Ancient Ethnic Groups as Represented on Bronzes from Yunnan, China*

六、《文化人类学论集》目录

1. 序言
2. 易洛魁人的今昔——兼谈母系社会的若干问题
3. 以驯鹿为生的沙米人——兼谈游牧社会若干问题
4. 佤山汉族矿工族群认同的改变
5. 中国西南民族保护生态环境的文化遗产
6. 酒与少数民族
7. 谈中国少数民族迁入城市——以昆明为例
8. 他鲁人的婚姻形态
9. 利米人的婚姻形态
10. 记滇西北几个喇嘛寺
11. （附录）*Changes in Ethnic Identity Among Han Immigrants in the Wa Hills from the 17th to 19th Centuries*
12. （附录）*The Ecological Legacy of Minorities in Southwestern China*
13. （附录）*The Cityward Migrants of Minorities in China*：*A Case Study on Kunming Immigrants*

七、《序跋·年谱》目录

1. 《至正河防记今释》跋
2. 《云南彝族氏族谱牒译注》序
3. 《白族心史——〈白古通记〉研究》序
4. 《破译千古易经》序言
5. 《民族考古译丛》编者的话
6. 《地球上的人们——世界史前史导论》（中译本）前言
7. 《西南民族老照片》读后记
8. 年谱

附录三 《汪宁生集》未收文字及主编书籍存目

一、《汪宁生集》未收文字存目

1.《从考古材料看云南和内地的经济文化联系》，载《学术研究》，1961年第6期。（本文曾经修订，改题为《古代云南和内地的经济文化联系》，收入《中国西南民族的历史与文化》，昆明，云南民族出版社，1989年2月第1版。）

2.《从考古材料看云南冶金业的早期历史》，载《学术研究》，1963年第3期。（本文曾经修订，改题为《云南冶金业的早期历史》，收入《中国西南民族的历史与文化》，昆明，云南民族出版社，1989年2月第1版。）

3.《记彝、羌、纳西族的“羊骨卜”》，载《考古》，1963年第3期。

4.《彝族简史》第一、二章及附录五种表格，北京，中国科学院民族研究所，1963年。

5.《白族简史》第二、九章（与齐言合作），北京，中国科学院民族研究所，1963年。

6.《关于云南开始制造铁器的年代问题——答李家瑞同志》，载《考古》，1964年第5期。

7.《四川凉山发现汉墓》，载《考古》，1965年第3期。

8.《云南傣族制陶术调查》，载《考古》，1965年第12期。

9.《云南沧源发现古代崖画》，载《人民日报》，1965年12月8日第5版。

10.《云南沧源崖画》，载《文物》，1966年第2期。

11.《晋宁石寨山出土铜器图象所反映的西汉滇池地区的奴隶社会》，载《文物》，1975年第2期。

12.《云南各族古代史略》第一、三、五、七章及《云南历史年表》《云南历代建置表》《云南少数民族简表》《云南重要碑刻录文》，昆明，云南人民出版社，1977年。

13.《中国古代的“车船”》，载《郑州大学学报》，1979年第1期。

14.《中国古代各种水力机械的发明（上）》，载《中原文物》，1980年第1期。

15.《中国古代各种水力机械的发明（下）》，载《中原文物》，1980年第3期。

16.《建立我国自己的民族学体系》，见中国民族学研究会编《民族学研究》（第一辑），北京，民族出版社，1981年。

17.《云南沧源崖画发现记》，载《民族文化》，1982年第5期。

18.《云南沧源崖画调查续记》，载《文物》，1983年第3期。

19.《云南简史》第一、二章，昆明，云南人民出版社，1983年。

20.《试论越濮不同源》，载《中南民族学院学报》，1986年增刊。

21. *Preservation and Development of Minority Cultures in South west China*: *A Study on Eth-noecology*. A paper presented at The *12*th International Congress of Anthropological and Ethnological Science (Zagreb, *1988*).

22.《做好调查工作是提高中国民族学水平的关键》，载《民族学通讯》，第131期，1997年。

23.《香港金石录要》，载《云南文史丛刊》，1997年第2期。

24.《从傣族制陶看陶轮的起源》，载《广西民族学院学报》少数民族科技史研究专辑，1999年。

25.《佤族司岗里神话和沧源崖画》，见那金华主编《中国佤族司岗里与传统文化学术研讨会论文集》，昆明，云南人民出版社，2009年。

26. Wang Ningsheng and Harald Lars Bøckman, *Traditional Regulations on Environmental Protection in Recently Discovery Stelae Inscriptions in Autonomous Area in Yunnan*, Oslo, 2000.

27.《关于开展口述民族史研究之我见》，见汪宁生主编《民族学报》第八辑，昆明，云南人民出版社，2010年。

28.《林昭印象》，见冯克力主编《老照片》（第79辑），济南，山东画报出版社，2011年。

29.《听顾颉刚谈鲁迅》，见刘瑞琳主编《温故》（第二十四辑），桂林，广西师范大学出版社，2013年。

30.《听唐兰先生讲授古文字学》，见汪宁生主编《民族学报》（第十一辑），昆明，云南人民出版社，2015年。

31.《一位拒不认错的北大右派教授——怀念胡稼胎先生》，见汪宁生主编《民族学报》（第十一辑），昆明，云南人民出版社，2015年。

32.《欧美的汉学研究》，见四川大学博物馆、四川大学考古学系、成都文物考古研究所主编《南方民族考古》第十二辑，北京，科学出版社，2016年。

说明：本目录仅罗列业已发表但《汪宁生集》未收录的文字，不包括尚未发表的译著、文章、调查报告、札记、日记、书信、演讲稿及其他手稿。

二、主编书籍存目

1. 《民族学报》（第四辑），北京，民族出版社，2006 年。
2. 《民族学报》（第五辑），北京，民族出版社，2007 年。
3. 《民族学报》（第六辑），北京，民族出版社，2008 年。
4. 《民族学报》（第七辑），北京，民族出版社，2009 年。
5. 《民族学报》（第八辑），昆明，云南人民出版社，2010 年。
6. 《民族学报》（第九辑），昆明，云南人民出版社，2012 年。
7. 《民族学报》（第十辑），昆明，云南人民出版社，2013 年。
8. 《民族学报》（第十一辑），昆明，云南人民出版社，2015 年。
9. 《口述民族史》（第一辑），昆明，云南人民出版社，2014 年。

附录四　汪宁生先生逝世讣告

云南民族大学民族研究中心教授、离休干部汪宁生先生，因病医治无效，于2014年2月1日下午1：40在云南省第二人民医院（云南省红十字会医院）不幸逝世，享年85岁。

汪宁生先生曾任云南省民族研究所副所长，云南民族学院（今云南民族大学）历史系主任，中国人类学会、中国民族学会、中国考古学会等学术团体理事，国家民族事务委员会学术委员会委员，联合国教科文组织崖壁艺术国际委员会成员和美国费城人类社会问题研究所荣誉研究员。离休后，又被特聘为云南民族大学民族研究首席科学家。

汪宁生先生曾多次应邀前往欧、美等十余所著名大学访问、讲学，并应聘为美国宾夕法尼亚大学、华盛顿大学、德国海德堡大学、挪威奥斯陆大学和特罗姆瑟大学客座教授，赢得了国际学术界的高度认同和普遍赞誉。

汪宁生先生一生潜心治学，著书立说，教书育人，为后人留下了弥足珍贵的学术遗产。

汪宁生先生的逝世，是学术界的重大损失，我们表示沉痛哀悼，并向汪宁生先生的亲属致以深切的慰问。

遵照汪宁生先生本人遗嘱及亲属的意见，丧事从简，定于2014年2月7日（星期五）上午8：30在昆明市殡仪馆（油管桥）送别汪宁生先生。上午 10：30 在昆明西郊殡仪馆火化。特此敬告汪宁生先生生前亲朋好友节哀。

汪宁生先生安息吧！

云南民族大学

2014 年 2 月 4 日

附录五　汪宁生先生哀挽录（选）

一、挽联录

创民族考古为天下法著作宏富语惊四方；

育边疆英才成百世师音尘貌远矩范长昭。

林超民（云南大学教授）

辛勤历史探研屡达高峰海外留名；

努力人才养育情怀永在英灵安息。

陈茜（云南民族大学教授）

宁静淡泊品格；

勤谨慈睿人生。

熊兴（云南民族大学教授）

深切怀念我引以为师25载的汪宁生教授：

察古往今来，先生之渊博学识几人可比肩；

问庙堂江湖，先生之学者气节何者能企及。

宋豫秦（北京大学教授）

哲人其萎，遗著永辉，创新说，译名作，宏文崇论，海内学人赞大家；

魂兮归来，风范长存，办学报，育英才，高节韵德，天下桃李颂名师。

王国祥（云南省社科院研究员、省文史馆馆员）

二、挽诗录

悼汪宁生先生

2月1日晚，王东昕学友来电相告，汪宁生先生阖然长逝，他是我所敬重的学界师长，闻此噩耗，心情黯然，悲吟悼念。

惊闻先生竟归去，长叹学界失栋梁。西南考古数十年，灵心慧智多华章。治学严谨真名士，独辟蹊径启新光。（汪宁生先生在治学中将民族学与考古学研究方法相互交融，形成个人独到的学术特点。）士林今日失先生，子规声中思念长。

杨福泉（云南省社会科学院副院长）

汪宁生先生千古

学院台柱突断身，到耳肠断众心惊。三吴滇海品学在，满院同声哭先生。（其一）

忽闻噩耗泪纷纷，云南文博陨大星。学品人品风范在，大浪淘沙见真金。（其二）

陶学良（云南民族大学教授）

江城子·挽汪宁生先生

自由无价蔑封侯。纵金瓯，更何酬。振铎南天，绝学著神州。点将台高擎一帜，惟好汉，数风流。

凋伤玉树使人愁。烛光浮，寸心幽。诲训谆谆，文化早绸缪。可幸名山成伟业，书四卷，供研求。

后学彭洪俊顿首

三、唁电录

沉痛哀悼汪宁生先生（1930—2014）

——中央民族大学世界民族学人类学研究中心、中国少数民族研究中心唁电①

昆明，云南民族大学王东昕教授并转汪先生家人和治丧办公室：

惊悉我辈学人敬重敬爱的学术导师人世楷模，中国学界南天一柱，著名民族学人类学考古学家，民族考古学开创者，云南民族大学首席科学家、《民族学报》主编汪宁生教授2014年2月1日13时40分在昆明红会医院逝世。我们谨代表中央民族大学世界民族学人类学研究中心、中国少数民族研究中心同仁和在京学人同事沉痛示悼。

汪先生1959—1963年曾在中央民族学院历史系任教，后以“远绍清儒近接五四，衡平中外纵贯古今”的学识，立足川滇黔山地，倾心治学，在青铜岩画、语言文字、数卜八卦、史前史等领域创获良多。他跟四川大学英年早逝的童恩正教授（1935—1997）交相辉映，曾并称西南双雄，俱是新中国教育略不世出的异数奇才。

中国改革开放后，汪先生率先在文物出版社推出德国民族学家利普斯《事物起源》译本滋养一代学人；率先赴欧美名校讲学访问并考察世界民族和人类文明胜地，拓展学界视野；然后亲率云南学术团队跟北京林耀华教授的研究团队默契配合，共同推动中国民族、考古和史前史研究，为学界留下了丰富的道义和学术资产。

汪先生庚午年生甲午年殁，在人间特立独行八十五年，始终充满龙马精神。他晚年出任云南民族大学首席科学家，注重维护学术

① 中央民族大学中国少数民族研究中心编：《共识（2014春刊11）——新丝路新思路新常态新常识》，38页，内部资料。

阵容，奖掖提携晚生后辈，每有新作必寄晚辈，同时为《民族学报》年刊殷勤约稿。其志老而弥坚，传承了中国学人的厚道；其学老而弥笃，维护了中国学术的尊严。其学其志，泽被中国学界千秋万世。

先生问世之年，中国风雨如晦鸡鸣不已；先生谢世之际，中国初涉小康但天下仍欠平治，生态仍待恢复，人文学术仍待生聚教训，边疆民族语言宗教事务尤须讲信修睦自治善治，体现共和宪政协商民主和多元一体公平正义。汪先生毕生致力于此示范于此，临终嘱意于此垂念于此。我辈学人深蒙先生恩泽教诲，自当克绍箕裘见贤思齐。

执此哀伤困厄时刻，恳请汪先生家人、云南民族大学和学界同仁接受我们的悼慰，善自珍摄相互体恤节哀治事。请王东昕教授代我们在汪先生灵前致祭并向亲友告慰。诚盼云南民族大学能于明年2月1日（腊月十三）汪先生逝世周年时举办追思会以志纪念。

汪宁生先生千古！汪先生英灵与中国学界同在！诔曰：

伟哉建邺，起凤腾龙；大哉先生，天纵菁英
灌云其籍，周封其姓；金马其命，金陵其名
天将大任，幼历困窘；弱冠入世，旧邦新命
业修新闻，调干燕京；矢志考古，思接先秦
曲高和寡，特立独行；九死无悔，林昭知音
伉俪北国，卜居春城；转益多师，持道有恒
执教民苑，取法南中；南诏德化，大理斯文
沧源岩画，玉晋青铜；事物起源，山外昆仑
纵览中外，衡平古今；数卜八卦，学究天人
周游列国，走笔传神；南天一柱，史志称尊
老执牛耳，弥笃经纶；睥睨时贤，启迪后昆
岁在甲午，驾鹤西巡；先生示寂，元亨利贞
哲人其萎，遗爱留馨；尼父赍志，绝笔亡麟

杏坛授业，道山归魂；钦哉先生，剑胆琴心

士列门墙，馥郁盈庭。伏惟尚飨，求仁得仁！

致悼人：中央民族大学世界民族学人类学研究中心、中国少数民族研究中心包智明、张海洋携单位同仁门下研究生同悼

2014 年 2 月 6 日

惊悉汪宁生先生于 2014 年 2 月 1 日不幸去世，不胜悲悼哀痛，谨向汪宁生先生的家属表示深切的哀悼之情。

汪宁生先生毕生从事民族学与考古学研究，著作等身。一生学术生涯涉及国内民族学研究、考古学研究以及云南考古材料的综合整理、西南民族历史研究等多个领域，成果丰富；实事求是、科学严谨精神在他一生的为人为学中得到充分体现，他在民族考古学和文化人类学研究中的独到见解，奠定了他在学术界举足轻重的地位，在中国民族考古学研究领域中具有广泛的学术影响。

他的逝世，是中国民族学和考古学研究领域中的重大损失，再一次对汪宁生先生的不幸逝世表示深切哀悼。中国的考古学人将会永远铭记这位具有开拓意识和探索精神的前辈和学者。

中国考古学会会

中国社会科学院考古研究所

2014 年 2 月 7 日

汪宁生先生治丧委员会：

惊悉著名考古学家汪宁生先生不幸去世，北京科技大学冶金与材料史研究所全体教师深感悲痛！

汪宁生先生是国内外重要的考古学家、民族学家和历史学家，是中国民族考古学的奠基人，对中国西南青铜器和冶金史的研究，做出了突出的学术成绩。我所师生在多种学术活动中，与汪先生进

行过深入的学术交流，他对我们的工作提出了宝贵的指导意见。汪先生的逝世，是我国学术界的重大损失。北京科技大学冶金与材料史研究所全体师生对汪先生的离世表示深切的哀悼！并对其家属致以深切的慰问！

北京科技大学冶金与材料史研究所全体师生

2014 年 2 月 3 日

汪宁生先生治丧委员会：

惊悉我省著名学者汪宁生先生不幸辞世，感到万分悲痛！

汪宁生先生是中国重要的考古学家、民族学家和历史学家，是中国民族考古学的奠基人。他学贯中西，是中国改革开放以后，云南人文社会科学界最重要的一位学者，也是云南第一位取得世界性声望的人文学者，他的学术成果在国内外有巨大的影响。由于他的杰出贡献，大大提升了云南的学术地位，成为云南人文学科的一面旗帜，一座丰碑。汪先生卓越的学术风范，深受后辈景仰，是学术界同仁的学习榜样。先生一直奖掖后学，关心我的成长。今先生驾鹤西去，唯有深深的思念，为先生祈祷！望家属节哀！

后学　李晓岑

（北京科技大学冶金与材料史研究所）

2014 年 2 月 3 日

汪宁生先生治丧委员会：

惊悉我国著名考古学家、民族学家、民族研究首席科学家汪宁生教授仙逝，我们感到万分悲痛！

汪先生是我国民族学界的泰斗，他长期致力于民族学和考古学研究，取得了丰硕成果，在国内外产生了巨大影响。先生长期以来提携晚辈，为我国民族学界和考古学界培养了一大批研究人才。他的不幸逝世，是学界的一大损失，我们无比怀念他。

汪先生对中国科技史学会少数民族科技史专业委员会的发展给予了大力的支持，他曾多次撰文参加学会举办的会议，推动了少数民族科技史的研究。我们将继承先生遗志，把中国少数民族科技史、科技人类学的研究推向前进。中国科技史学会少数民族科技史专业委员会全体同仁沉痛悼念汪宁生先生，并向其家属致以深切的慰问!

汪宁生先生千古!

中国科技史学会少数民族科技史专业委员会

2014 年 2 月 3 日

云南民族大学《民族学报》编辑部：

惊悉汪宁生教授仙逝，十分悲痛!

汪先生是我国著名的民族考古学家，是中国民族考古学研究领域的代表性人物，为西南古史一些疑难问题的解决奉献了他的智慧，对民族学和人类学作出卓越的研究。他崇高的学术风范，永远是我们学习的榜样。

汪先生的逝世不但是贵校不可弥补的损失，也是国际国内民族学、人类学界的巨大损失。昭通学院对汪先生的逝世表示深切的哀悼，并向家属表示诚挚的慰问。

特电慰问。

昭通学院

二〇一四年二月六日

惊闻学长汪宁生教授逝世，不胜悲痛。汪教授学富五车，著作等身，是中国民族考古学奠基人之一，值得我们永远怀念和景仰。

广西壮族自治区博物馆蒋廷瑜敬悼

Dear Colleagues,

I am extremely moved by the disparition of Professor Wang Ningsheng who was a great scholar and who was so kind and generous. His great contribution to ethnoarchaeology has been a model for all of us. Please accept my deep condolences.

Michèle Pirazzoli – t'Serstevens

2014 – 02 – 03

后　　记

汪宁生先生是一位“以治学为职业，作真实之贡献”的学者，数十年如一日，开创民族考古学新领域，在历史学、民族学、人类学等方面做出了重要贡献。只是先生僻居滇南，专注实学，虽“超绝流俗，过越世人”，却缺乏大批拥趸因而声光不显。2014 年 2 月 1 日，先生病逝，学术界少了一位醇正的大师。黄鹤西去，白云悠悠，不禁教人感慨系之！

先生从来不看重世俗的声名，但凡读过先生著作的人，无不油然而生钦慕之情。我还在学生时代便读过《云南考古》《西南访古卅五年》《民族考古学探索》等书，知道先生是“云南考古三巨头”之一，也是学界盛称的“南汪北宋”之一，但总以先生为可望不可即的神仙中人。直至 2013 年我毕业求职，恰逢先生主持的民族研究中心招聘，我试着投递了一份简历，竟有幸蒙先生青眼，成为《民族学报》编辑部的一员。先生虽年届耄耋，但思维活跃，视野开阔，博闻强识，覃思研精，该通博极，每次亲聆先生謦欬，犹如在学术的海洋遨游，受益良多，无以言喻。《论语·子张》载子贡之言曰：“夫子之墙数仞，不得其门而入，不见宗庙之美，百官之富。”真可移此以语先生。盖先生方寸之间的学问包罗万象，远非已形诸文字的论著所能囊括，先生是无日不学，无日不思的。正庆幸今后可以跟着先生学习，探求学问之道，未料先生遽尔仙逝，“昊天不吊，不慭遗一老”，问学之心，化作无穷遗憾。后来王云慧师母和民族研究中心同事不止一次谈起，因我是历史学科班出身，缺乏民族学田野调查经验，先生生前曾说，等身体好些的时候，一定要亲自带我做一次民族学田野调查实践。闻之愈增加我的遗憾与伤恸，而对先生的感念，早已铭刻五内了。

我生也晚，亲聆先生教诲尤晚，但在与先生相识的半年里，先生常教我读书治学及修身立志之道，往往令我如沐春风。先生逝世以后，我唯有从煌煌四百万言的著作中品味先生学究天人、道贯中西的精神世界，以及先生不偶于俗、遗世独立的大家风范。反复摩挲先生的著作，越来越体会到先生为人为学之不可企及，而审视当今学术界，对待先生似乎过于淡漠。因此兴起一个念头，纂辑先生治学历程及学术成就的相关资料，按照编年的方式排列，以展现先生致身学术、阐扬真知、为学术事业孜孜矻矻的一生。本书不能贡献多少新颖的材料或理论，但重在材料的收集整理，通过介绍先生的学术之路、学术内容以及学术贡献，表明先生在学术史上应有的地位。先生之风，永志不忘，谨以此微末的工作，告慰先生在天之灵。

这本学术年谱的编撰，相当部分是缀辑先生著作及他人相关文字而成，但也经过许多日夜的辛劳，有时通宵达旦，不能自已。在这段时间里，我的妻子冯寒英女士给予我最坚定的支持，她承担了所有的家务，鼓励我尽快将这本小书完成。尽管专业不同，她也爱读先生的著作，景仰先生的为人。在编撰过程中，我随时向她讲述先生的有趣往事和学术观点，和她商量某些细节的处理方法，她是我的倾诉对象，也是本书的第一个读者。

本书的完成特别要感谢王云慧师母。每一次听师母谈话，都会毫无保留地畅言先生旧事，提供许多亲切的素材，让人感到心旷神怡。师母且屡次贻我先生著作及藏书，并慨然将先生早岁抄录的卡片及札记纲要影印件相赠，使我得以更多地了解先生浩无涯涘的学术世界。初稿写成后，我第一时间送呈师母审正，师母不仅指示我撰辑的方法，又告诉我许多新鲜的材料，还修订了一些文字和表述上的讹误。

感谢重庆师范大学孔令远教授在百忙之中为我提供《社会调查手册》目录及译后记的手稿照片，拓展了我对汪先生学术工作的认识。

感谢原民族研究中心同事王亚文、张文兰和冷雪梅老师。他们常告诉我许多关于先生的往事，为我收集材料提供方便，且对初稿的修改提出不少宝贵意见。冷老师并将珍藏的资料、照片以及先生与当世著名学者往还信函的影印件无私交付给我使用。而今张老师调至云南省民族研究所资料室，王老师、冷老师和我调到人文学院，并且冷老师已负笈上海，攻读宗教学博士学位去了。

此外，还要感谢英年早逝的胡习珍博士。她和我同毕业于云大历史系，但在民族研究中心招聘之前，我们并不相识；而我之与先生结缘，实由于她的殷勤引荐。此后我们建立起良好的朋友兼同事之谊，她在生活和工作中都对我热心帮助，一片赤忱。不幸她于2014年生产后的第四天即查出肺癌晚期，经历半载的病痛折磨，便过早地离开了人世。愿她安息！或者在天有灵，她仍可以随侍在先生身旁，继续请益受教，砥砺学问。

逝者已矣，但先生的著作流传后世，先生的精神与学界同在。诚如陈寅恪先生在《清华大学王观堂先生纪念碑铭》中所云："先生之著述，或有时而不章；先生之学说，或有时而可商。惟此独立之精神，自由之思想，历千万祀，与天壤而同久，共三光而永光。"和王国维先生一样，汪宁生先生的名山事业在后世必有知音，不论何时何地，独立自由、求真求实的淳朴学脉将不绝如缕。

2018年3月，彭洪俊写定于昆明呈贡。

图书在版编目（CIP）数据

汪宁生先生学术年谱 / 彭洪俊编著 . — 北京：民族出版社，2019.2

ISBN 978-7-105-15570-5

Ⅰ.①汪… Ⅱ.①彭… Ⅲ.①汪宁生（1930—2014）—学术研究—年谱 Ⅳ.① K825.81

中国版本图书馆 CIP 数据核字（2018）第 262192 号

汪宁生先生学术年谱

责任题签：沈奋强
责任编辑：向　征
封面设计：金　晔
出版发行：民族出版社
地　　址：北京市和平里北街 14 号
邮　　编：100013
电　　话：010-64228001（汉文编辑二室）
　　　　　010-64224782（发行部）
网　　址：http://www.mzpub.com
印　　刷：北京艺辉印刷有限公司
经　　销：各地新华书店
版　　次：2019 年 2 月第 1 版　2019 年 2 月北京第 1 次印刷
开　　本：640 毫米 ×960 毫米　1/16
字　　数：230 千字
印　　张：17.25
定　　价：60.00 元
书　　号：ISBN 978-7-105-15570-5/K · 2719（汉 1555）